聖母文庫

ポーランドから来た
風の使者ゼノ

石飛 仁

聖母の騎士社

目次

プロローグ　三十年目のある対面　7

第1章　ポーランドから来た人　45

青年ゼノ、コルベ神父との出会い　46

質素にして激しい労働の日　66

戦時体制下の異邦人たち　82

一九四五年八月九日 長崎の原爆被災とゼノさん　97

第2章　戦災孤児救済に走る　109
『聖母の騎士園』開設　110
「まず食べさせなさい」　125
東京へ出たゼノさん　147
上野の地下道に通いつづける　156
第3章　戦災孤児十二万人に「少年の町」を　175
「少年の町」づくりに奔走　176
「浮浪児狩り」と子供の反乱　200
子供たちの心をとらえたゼノさん　215

第4章　「蟻の街」の人びと　231
「蟻の街」運動との出会い　232
ゼノさんに導かれた〝「蟻の街」のマリア〟　244
上野「葵部落」と「蟻の街」の全国化　265
「復興」に取り残された人々の自立を扶ける　281
長崎「蟻の街」　290
第5章　その後のゼノさん　315
各地に飛ぶ救済活動の記録　316
「ワタシ、ココロ、ボロナリマシタ」　327
消えた足跡　342

エピローグ　357
聖母の騎士文庫本によせて　371
主要参考文献　390

プロローグ　三十年目のある対面

「オーオー、パパ、パパ」、一九八一年（昭和五十六年）の二月二十三日。ローマ法王（現在は教皇呼称）の日本初来日の日、東京の目白にあるカトリックセンターの一室で、一人の老修道士が、感涙にむせびながら法王ヨハネ・パウロ二世の特別接見を受けていた。一九三〇年（昭和五年）、遥かポーランドから日本布教のためにコルベ神父とともに来日して以来、ずっと日本の窮民救済活動をつづけてきたゼノ・ゼブロフスキー修道士の姿がそこにあった。車イスに座って、法王にその手をその頭をなでられながら永年の労をねぎらわれたゼノ修道士は、子供のように「オーオー、パパ、パパ」といって感涙にむせていた。

ホー、ゼノ神父だね、まだ生きていたの……？　――この日、テレビニュースにうつし出された、法王とゼノ修道士の対面の場面を見ながら多くの日本人が、そんなつぶやきをもらしていた。

敗戦後、誰も彼もが飢え苦しんでいたとき、このゼノ修道士は、全国を飛び廻り戦災孤児や焼け跡にスラムを形成していた生活困窮者の救済に奔走し、かつては、〝蟻の街の神父〟と呼ばれていたその修道士が、突然のようにテレビ画面に姿を現わしたことで、忘却していた敗戦後の混乱期と重なる彼の出現に多くの日本人は驚いたのである。

　持病の心臓病と老齢のために、人知れず東京都下清瀬の「ベトレヘムの園病院」に横臥していたゼノ修道士はこの日、医師と看護婦（今は師）にともなわれながら寝台車で法王との接見会場に姿を現わしたのである。全世界百二十五万のカトリック聖職者の中のトップの法王が訪問国で一修道士と面会することになったのだ。ゼノさん晴れの大舞台であった。

ローマ法王と対面するゼノさん

　私は、このテレビニュースを銀座の三越デパートで見ていた。このゼノ修道士の日本での活躍を記録した写真展をこの三越デパートの特設コーナーで開催していたのだ。埋れていたゼノ修道士の日本での活躍の数々を少しでも思い起こしてもらいたいとローマ法王来日を機にその写真展を企画していたのである。

私はゼノ修道士となんの関わりもない、カトリック信者でも福祉関係者でもない人間だったが、一九七八年、ふとしたことから、この老修道士の存在を知った。そのきっかけとなったのは都内版の新聞記事〝ローマ法王と対面するゼノさん〟だった。

〝証拠を残して……優子さん ちぎった制服ボタン 女子大生殺し〟

〝新幹線「薩摩守」一日二十一人も 入場券で日帰り出張 中年紳士ふうが大半〟

〝このごろ都民の「怖いもの」①地震 ②交通災害 ③食品公害……〟

そんな記事に囲まれた、一つの見出しが目にとまった。

〝戦災孤児の光 あのゼノ修道士 限りない愛よみがえれ〟

一九七八年（昭和五十三年）一月十二日付『毎日新聞』都内版九段ぬきの記事である。

《柔かな目と白いあごひげ、大きなおんぼろカバンを手に焼け野原の東京で、親を失った子らと一緒に立ち上がった、あのゼノ修道士が、近く八十八歳の誕生日を迎える。いまは練馬の修道院で「このごろゼノ、あたまボロになりました。

からだもだいぶんボロになりました」というゼノ修道士だが、愛弟子たちが中心となって新年から『限りない愛・ゼノの記念碑』建立の動きも本格的になり、不況で沈んだ時代に再び〝愛の光〟はよみがえろうとしている。

だが、愛弟子たちのいう「弱い者、貧しい者のために〝ただひとすじの祈りと人類愛〟に生きた」（『ゼノの記念碑』建立委員会の呼びかけ文）その行為が日本で受け継がれていくというあかしである「記念碑」の建立運動は、寄付金がなかなか集まらず、現在行き悩んでいる》

私はその新聞をたよりに、『ゼノの記念碑』の建立運動を進めている「富士社会福祉事業団」の枝見静樹理事長を訪ねた。記事を目にしてから二週間たっていた。いまにして思えば、そのとき、何が目的でそこを訪ねたのかはっきりしたものがあったわけではなかったが、新宿五丁目の、その事務所の扉を押していた。

枝見さんは、一九五七年（昭和三十二年）ころからゼノさんと交流があり、ゼノさんが、東京・練馬にあるコンベンツアル聖フランシスコ修道会「関町修道院」に寝たきりの状態になるまで一緒によく歩いたという間柄の人だった。

突然飛び込んできた一面識もない男に枝見さんは、快くゼノさんが預けたという写真帳を広げ、ゼノさんの活躍ぶりを語ってくれた。

そこには、いまではもうまったく目にすることのできなくなった敗戦後の珍しい古い写真が何十枚とあった。どの写真も、ゼノさんが、ボロボロの服に裸足の戦災孤児を抱きあげ、服やパンを与えているものばかり。その数の多いのに驚いた。いまや死語になっている〝戦災孤児〟を写し出した数々の写真を、林立するビルの谷間の居室で見ようとは思ってもみなかった。

私は、今や貴重な写真類を一葉一葉丹念にめくっていった。

「ゼノさんは、この写真の子供たちが、大きくなってから、会ったことがあるのかな…」

私が何気なくつぶやいたひとことに枝見さんは、

「いいえ。でも、もしその子たちと会見出来たら、そりゃ、おじいちゃん、どんなに喜ぶことか」と、熱心に説きはじめた。

ゼノさんは、自分が救い育てた孤児たちの成長した姿を知らない、そして、いまはもう歩行が困難なほど心臓が衰弱し、息切れもひどく言葉もハッキリしないので〝面会謝絶〟であること……。

「だから、その子たちと会わせてあげられるのなら、一日でも早いほうがいいんです。そうできたら、おじいちゃんもきっと元気が出ますよ」

「この子供たちとゼノさんを……」と私は、とりわけ印象的な写真を一枚、手にしていた。その写真には、白いあごひげをたくわえたゼノさんを真ん中にして取り囲む六人の子供たちが写っている。左手のオカッパ頭の小さい女の子が、ゼノさんの顔を食い入るように見つめている。どの子も笑顔はなく、難民の子と同じように表情のない顔でゼノさんを見つめている。男の子は、小学校五、六年生というところだろうか、丸坊主で金ボタンのついた黒い学童服を着ている。

夕暮れどきの屋外なのだろう、遠目に山並みがシルエットのように見える。子供たちの背後には大きな円柱型の石の門。空襲でやられた廃墟のひとつらしい。

その写真を見つめながら私は、枝見さんに声を掛けた。

「うーん、長崎でしょうかね、広島でしょうか、おじいちゃんはそれこそ全国を飛び廻ったといいますからね。長崎かな……戦前はずっと長崎でしたからね。おじいちゃんの教会は長崎が本拠ですから……」

一緒になって写真に見入っていた枝見さんは、そんなヒントを与えてくれた。

その長崎にゼノさんは、一九三〇年（昭和五年）に師であるコルベ神父とともに、ポーランドから渡ってきた。そしてその地に、コンベンツアル聖フランシスコ修道会『聖母の騎士修道院』を日本支部として開設したのである。

この修道院の人々が、戦後いち早く開設していた修道院の中に、戦災孤児を収容する『聖母の騎士園』をつくったのである。そのことを知った私は、選んだ写真と長崎を結びつけて取材を開始したのである。

私が初めて長崎市街の西、彦山《ひこさん》（三百八十六メートル）の麓、本河内にある『聖母の騎士修道院』を訪れたのは、一九七八年（昭和五十三年）二月の下旬のことだった。この日は非常に冷え込み、いまにも雪がチラつきそうな曇り空であった。タクシーを降りて急な石段を登って行くと、右手に白い建物が二軒三軒と建ち並び、修道会が経営する印刷工場や、幼稚園、小・中学校が建っていた。日本に渡ってきて以来約五十年、この『聖母の騎士』の修道会は、現在、全国十一ヵ所に修道院を持ち、老人ホーム、幼稚園、神学院、小・中・高等学校などを経営している。

一枚の写真、そして、それも三十余年も前の手がかりを得ようと訪れた修道院では、もう昔の事情に詳しい人物には会うことはできなかった。戦災孤児のことを知っていると思われる教会関係者は、いずれも大阪へ、名古屋へ、神戸へと散り、かつて戦災孤児収容施設だった『聖母の騎士園』は、何度も転居しながら、いまは、心身障害者の施設となって佐賀県との県境、小長井という山の中に移っているという。

私は『聖母の騎士園』がまだ戦災孤児収容施設だったころの関係者を捜すことから始めた。そして、写真に撮っている〝石の門〟を手がかりに、長崎市内にある県庁の社会課や市庁、地方新聞社、〝坂の長崎石畳〟といわれる長崎のダラダラ坂を、西へ東とかけ廻った。

広島につづき、世界で二番目の原爆に見舞われてその三分の一を失った長崎市は、いまは、山の中腹までビルが迫る国際近代都市となっている。

「あー、こんな外人神父さんは、あのころよく見かけましたよね」

あのころを知っている年輩の人はわずかにそうは答えてくれるのだが、具体的な話に結びつかない。

ゼノさんが活躍の拠点としていたこの長崎でも〝戦災孤児の父ゼノさん〟の足

跡は消えていた。

私が写真を取り出して尋ねると、「浦上天主堂の焼け跡じゃなかね！」必ずこの言葉が返ってきた。写真に写った石の門が、今は無い浦上天主堂の廃墟のイメージと重なるというのだ。

私自身も、浦上天主堂ではないかと淡い希望を持っていた。原爆の洗礼を受け、無惨に破壊された東洋一の浦上天主堂は、惨虐な戦争行為を呪う象徴だった。とくに天主堂の石のマリア像が砕け落ちている図は、戦後を生きた万人が、記憶の奥に残している。

その浦上天主堂は、当時の瓦礫《がれき》の一部が爆心地の記念となって別の場所で残っているだけで、現在は、コンクリートづくりの新しい聖堂に生まれ変わっていた。

原爆が落とされる前の天主堂をよく知っているという浦上教会のO司祭は、〝こんな石の門はなかった〟と首を振った。そして〝これは稲佐の外人墓地にあるはずだ〟という。しかし、稲佐外人墓地でも、出島にある長崎博物館でも福済寺でも、石の門を見つけることができなかった。

「ああ、この石の門そっくりなやつが中川町の寺に建ってるよ」

自信に満ちた返答は、長崎の遺跡にはめっぽう強いというタクシーの運転手の新情報だった。

「いまでも、その石の門、建ってるの」

「ええ、建ってますよ」

今度こそ見つかるかもしれないと、私はすぐ本河内ダム近くの寺・実相寺へと向かう。

たしかに、石の門は建っていた。が、写真の石の門とは石の形が違う。積み上げられた石の一つ一つの大きさも形も違っていた。結局、無理な話なのだろう、三十年前の廃墟の跡が、そのまま残っていると考えることは……。

原爆跡の記録写真の中にはないだろうか、『原爆資料館』の見学を思いたったのは、長崎に着いてから四日目の朝だった。

被爆後の長崎を記録した写真などを保存している『原爆資料館』は、爆心地近くに建つ国際文化会館の中にある。原爆資料室の山口洋一郎さんに用件を伝え、例の写真を取り出して見てもらった。山口さんの顔がちょっと動いた。見覚えがあるというような表情だ。彼はすぐ部屋を出ると、四、五冊の原爆被災写真集をたずさえてもどってきた。

「石の門、石の門」と私はいいながら、山口さんと二人で写真集を繰っていく。

「あった！ この石の門だ！」

「ああ、これですね、これは、江戸町の県庁の焼け跡に残っていた石の門ですね。いまの県庁と同じ所ですよ。県庁は原爆でやられて戦後しばらくは、廃墟のままになっていたんです。昭和二十六年ごろまではこの石の門も建っていたんじゃないですかな」

ゼノさんと六人の子供たちが背にしている石の門と同じものが、一冊の原爆資料写真集の中にあったのだ。私はすぐに、県庁に向かった。長崎港大波止場から大きな坂道を登りきった右手に県庁はある。鉄筋六階建ての新しいビル、その周りにも大きな建物が並んでいる。昨日も一昨日も歩いたこの付近と、写真の場所とが結びつくとは……。

県庁正門を出て右側の坂を下りると一軒の名刺屋があった。その店主は、敗戦直後からずっとそこに住んでいるという。私は、ホッとする思いで写真を取り出した。

その店の主人は、私の差し出した写真を「フーン、フーン」と見つめていたが、県庁の焼け跡にちがいないと断言してくれた。

「たしかに、焼けた県庁の跡にこの石の門は建っていましたよ。戦後何年かここは焼けたままになっていたからね。そう、地下室のほうには、こんな子供たちが何人か住んでいましたよ、顔までは覚えていないけど……引揚者の家族が何人か、十人くらいはいたかな」

私は、せき込んで聞いた。

「その子供たちはどこへ行ったんでしょうか」

店の主人は、大昔の記憶をたどるかのようにゆっくりと首を振った。

「さあな……いつごろまでいたのかな……戦争が終わって二、三年……四年ぐら

長崎県庁の地下壕に暮していた子供たちと

い住んでいたろうかね……この坂の下の大波止場の近くには、ムシロがけの闇市がだいぶ長い間たってたからね。そこに店を出していた連中が、焼け残った地下室に住んでいたのかもしれないしね……何年かあとになって、浦上の方に引揚者住宅ができたから、そっちの方へ移ったかもしれないしね……」

そこで、引揚者らしい家族の行方を聞いて歩くことになったが、古い資料は、一九五一年（昭和二十六年）の県庁火事で焼失して不明であり、社会福祉関係の当時の部署員はほとんど退職しており、新しい役人たちでは戦後の混乱期の事情がわからなかった。

私は、四日間の長崎滞在で、たった一つのこと、写真の主たちは〝長崎の県庁焼け跡にいた〟という事実を確認したにすぎなかった。

二度目の長崎行きが実現したのは、一ヵ月後の一九七八年（昭和五十三年）三月だった。

帰京後、戦後混乱期や戦災孤児の実態を捉えた記録物、ゼノさんが日本にやってきてからの足跡をたどり、『聖母の騎士園』関係者の割り出しをつづけていたが、思うようにははかどらなかった。が、それとは逆に、いや、だからかえってゼノさんに対する興味を募らせていった私は、別の仕事で福岡に飛んだ折に、三日間の余裕を得てもう一度、長崎を訪ねることが出来た。

第一日目、もうすっかり黄ばんでしまっていた新聞の中に、あの、県庁の焼け跡でゼノさんが子供たちに囲まれている写真とまったく同じ写真記事を発見した。

一九四九年（昭和二十四年）十二月十四日付『毎日新聞』西部本社発行長崎版の記事である。

〝師走模様　ゼノ神父から愛の衣類、地下壕住いの子供達に〟そんな見出しで社会面左上段に写真と記事があったのだ。

《終戦以来の地下壕暮らし、働きたくても仕事はなく、その日その日を食うや食わずや、これから寒気が厳しくなるというのに衣類はぼろぼろ……こんな人が長崎市の県庁焼跡の地下に十数人住んでいたが十二日夕方『聖母の騎士園』のゼノ神父がクリスマスを前にサンタクロースよろしく衣類のいっぱい詰った袋を背負ってこの可哀相な人を慰めた。衣類はアメリカから救済用に送って来た子供用オーヴア洋服、ジャケット、下着等々盛り沢山。「神様のため祈って下さい。またきっとお恵みが与えられます」と子供の年に応じて配ると、寒さにふるえている子供たちは直ぐ身につけてさもうれしそうに、その姿を傍らで見ている親達も「これでよい正月ができるし」と涙を流さんばかり、師走の冷たい風の中になんと温い一コマ》

「新聞定価一ヵ月金四十四円、一部（二頁）金一円四十七銭四厘」と刷りこまれた『毎日新聞』に、〝赤い教育の機関銃、これが『日本新聞』〟〝年末給与折衝に首相乗り出す〟などの見出しとともに、その記事はあった。

さらに、別の日付でゼノさんの活躍を伝える二つの記事も目にとまった。

〝脱走児追い東京へ　一ヵ月目に奇遇のゼノ神父（長崎）〟〝腹一杯食べて下さいゼノ神父の愛の一コマ　熊本駅で〟——

街をさまよう戦災孤児の姿を求め、西に東に救済活動をつづけるゼノさんの姿が、新聞記事にくっきりと浮かび上がっていた。

長崎県立図書館で、当時のゼノさんを伝える記事を初めて目にすることができた私は、まず、この記事を書いた新聞記者とカメラマンを捜したが、やはり容易に捜すことはできなかった。

さらに、新聞記事の子供たちが、その後ゼノさんに連れられて『聖母の騎士園』に入園したと仮定し、いまは佐賀県との県境小長井に移った『聖母の騎士園』にその手がかりを求めてもみた。

また、一九四九年（昭和二十四年）にはすでに存在していた長崎県営の戦災孤児収容施設『向陽寮』の寮長だった餅田千代さんを訪ねたり、当時、戦災孤児のなかで女の子だけを収容していたという、〝蝶々夫人〟で有名なグラバー邸付近にある『マリア園』にも足を伸ばした。写真にオカッパ頭の女の子が写っているので、もしやと思ったのである。

二日目の夕刻、もと『聖母の騎士園』の指導員だったという深堀信二さんが市内に住んでいることがわかった。いまはある学校の職員をしているという。国際文化会館の近く、平野町の静かな住宅街に深堀さんの自宅はあった。深堀さん（五十一歳）は快く応接間に私を通し、勢い込んでつき出した私の手から写真を受け取ると、引き伸ばした例の子供たちの写真を静かに見すえた。色つやのいい健康そうな顔をうつむけ、写真を見つめたまま話し出した。

「うーん、昭和二十四年の十二月ですか、私は、そのころはもう騎士園を辞めていたんですよ。たしか……たしかもう辞めていました。といいますのはね、昭和二十四年の一月に園が焼けまして、園児が七人ほど逃げ遅れ焼け死んだ大事故があったんです。私は責任者という立場ではなかったんですが誰か責任をとらなくちゃいけないということで、それじゃ私が辞めますといって、そこを去りました。私が二十四、五歳のころでした。……だから、もしこの子供たちがゼノさんに連れられて園に入ったとしても私はもうわかりませんね……」

深堀さんは、突然の私の訪問で、すっかり忘れていた孤児たちとの生活を思い出し、ちょっと面くらったという風だった。その過去が決して軽々としたものではなかったことは深堀さんの重い口元から察せられた。だから、七人もの子供が焼け死んだという事実についてそれ以上立ち入って質問することなく、いったんその場を辞した。

帰りぎわ、深堀さんは、戦災孤児で、『聖母の騎士園』で育った一人の人物を紹介してくれた。

最後まで園にいなかったからその後は知らないが、東長崎でタクシー会社に勤務しているという○さんだけはいまでも知っている、私から聞いたといって会ってみたらどうかと口を添えてくれたのである。

翌日、私は深堀さんが紹介してくれた○さんを訪ねることにした。その○さんが、写真の子供たちを見て何もわからなければ……、そんな思いにとらわれながら、長崎市街から東に抜ける国道三十四号線を走った。

私は座席に身をしずめながら、これから○さんに見せようとする例の写真を取り出し、改めて見つめた――戦災孤児たち、戦争で親をなくし頼る人もないまま、廃墟の巷を野良犬のようにさまよった子供たち――この戦災孤児の実際の姿を知らない私たちにとって、語り継がれてきたイメージは、みどりの丘の赤い屋根、トンガリ帽子の時計台……と歌い出す明るいマーチ・テンポの、あの『鐘の鳴る丘』を通してのものではないだろうか。一九四七年（昭和二十二年）七月十五日から五〇年十二月二十九日まで三年間続いたNHKラジオ連続放送劇、菊田一夫作の『鐘の鳴る丘』は、「音羽ゆりかご会」のかわいい歌声とともに毎夕六時十五分から全国に鳴りひびいていた。

物語は、中国大陸から復員してきた兄弟二人きりの身の上の修平という青年が、当時は感化院と呼ばれていた児童保護の収容施設に入れられている弟を取りもどそうと信州を訪ねる。だが、弟は、院のひどい待遇に耐えかねて脱走したあとだった。修平は東京の闇市に行ったという弟の行方を尋ね歩く……というものだ。

七百九十回もつづいたというこのラジオドラマの詳細を私は知らない。ただその後、佐田啓二主演の松竹映画になったものについては、観た覚えはあるが、さまざまな子供たちが出てきた話として、うすぼんやり記憶しているだけだ。だから、私は劇化された映像を通してしか〝戦災孤児〟を思い描くことができないのである。

私は、思った。仮に自分が当の戦災孤児だったとして、いきなり〝ボロを着た野良犬のような過去の自分〟を思い出させられることになったら、いったいどんな気持ちになるだろうかと。「ああ、懐しい」と素直な気持ちになれるのだろうか。思い出したくない過去をつつかれて、思わず知らないといってしまう場合だってありはしまいか。

人には、忘れてしまいたい過去というものがある。ましてや自分の責任の及ばない幼いころのつらい体験など忘れ去りたいに違いなかろう。

五十台ほど車をかかえているという○さんの勤務するタクシー会社は、東長崎の国道沿いにあった。運転手から内勤のデスクに昇進していた○さんは「まあ、管理職の端くれでしてね」といいながら仕事の手を休め、会社の二階にある応接室に招き入れてくれた。

私は少し緊張しながら訪れた理由を伝え、見てほしい写真があると、○さんの目の前にゼノさんと戦災孤児が写っている写真を差し出した。

浅黒い顔を卓上の写真に向けた○さんは、それを手に取ってじっと視線をそそぐ。何かいいたそうな口元は開かぬまま沈黙が続く。

ときおり首を左右に振り、違うかなという表情……。やがて、○さんは低い静かな声で答えた。

「この写真の子供たちには見覚えがありませんね。昭和二十四年の十二月だとすると、そのころは、園はもう大村の方に移ってましたもんね……大村時代に……見覚えがないですね」

私は思わず、フーッとため息をもらした。やっぱり○さんも知らなかった……。

「私は、十五番という番号で、呼ばれていました……『聖母の騎士園』が始まると、わりと最初のほうからいましたからね……ええ、子供たちがくると入園した順に番号がつけられましてね、各班ごとにやってたんです。

でも、出入りが激しかったからな、一日だけいて逃げ出すやつもずいぶんいましたからね……この写真の子供たちがそういった子供だったら全然わかりませんからね」

私は、Oさんのいう〝逃げる〟という言葉のひびきに驚いた。

「逃げちゃうんですか」

「ええ、よく逃げましたね。逃げたと思ったらまたもどってきたり、つかまってもどされたりいろいろありましたよ」

私は、Oさんの言葉の端から、戦災孤児の置かれてきたほんとうの姿というものを垣間見たような気がした。

私は、Oさんに思いきって頼んだ。戦災孤児収容施設だった『聖母の騎士園』に入るようになったいきさつを話してくれないかと。

Oさんは、何か苦い物でもこみあげてくるような顔をした。目をふせ、しばらく無言のまま……。私は黙って○さんの次の言葉を待った。

『何をいっていいのか……いろんなことがあったもんでね……これまで自分の過去はひた隠しに隠して生きてきたんでね……過去がバレると先に行けないですからね。

隠して生きてきたんですよ。過去がバレると困るからみんな黙っているけど、自分と同しように泣く泣く生きてきた戦災孤児たちはこの日本にいっぱいいるはずなんだ。自分一人じゃないんだと思って生きてきたんですよね。……だから、これまで何度本当の自分の過去をブチまけたいと思ったか知れません。自分は好きでこんな苦労をしているんじゃない。あの戦争でこんな目に遭っているんだ。戦争の犠牲者なんだと叫びたい。それを歴史の事実としてちゃんと世間が取り上げるべきなんだ！　そう、何度も思ったもんです。

だから、きょうこうしてあなたに会うのも私なりに決心してのことなんです」

戦災孤児として拾われ収容所に入れられて、父や母に甘えて育つことも許されず、団体生活の中で物心つき、中学を卒業するとポンと社会に放り出され、戦災孤児の施設『聖母の騎士園』出身者として差別され、職場を転々と変えて過去を隠しつづけなければならなかったOさん。

その〇さんが、心の中だけで叫びつづけてきた自己史を、その重い口を開いて語ってくれた。

〇さんの生家は広島市だった。当時小学校五年生だった〇さんと小学三年だった弟と二人は学童疎開先に移っていた。一九四五年（昭和二十年）八月九日、広島に原爆が落ちてから三日後、その疎開先へ母方の叔母が〇さん兄弟を訪れた。

その叔母は二人の兄弟を近くの寺の境内の大きな椎の木の下に座らせると、持ってきた風呂敷包みを広げるのだった。大きな茶碗と小さな茶碗が二つ、それもあちこち欠けていて、なかには白い骨がポツンと入っていた。その叔母は、幼い兄弟を前にして「わかるね！」と泣くのをこらえるように強い声でいった。

大きな茶碗は母のもので、小さい茶碗は、当時小学校一年生だった末弟のものだった。

父親は出征したまま帰らず、二人は神戸市近郊にあった父方の親類に預けられた。しかし、二人はすぐにやっかい者扱いされた。自分の子にはダンゴ汁のダンゴを二つやっても、兄弟には一つだけ、「飯ばっかり食わんと働かんかい！」と殴られた。腹ペコの兄弟は近所の家に忍び込み、ご飯を盗んで食べた。盗人呼ばわりされた二人は、神戸の少年院に入れられた。

少年院も食べ物は十分ではなく、歳上のやつがいじめた。軍隊式のビンタがとんだ。Oさんは何度も少年院を脱走したが、そのつどつかまった。弟のことが気になったからだ。翌年の一月、〝自分は一人だ〟と自分にいいきかせ、弟を置いたまま、脱走した。ふところに入れておいた米穀通帳と家族みんなでとった写真を破り捨て、〝自分には弟はいないんだ、たった一人なんだ〟泣きながら逃げた。岡山、倉敷、山口、足は本能的に南に向かっていた。少しでも暖かいところへ行きたかったのだ。そして、門司にたどりついた。駅のベンチを寝ぐらにし、人の食べている弁当をかっぱらってむしゃぶりついた。まるで、野良犬だった。

「門司は終着駅ですから、引揚者が貨物列車の中に毛布なんか置いていくんです。食べものもいろいろ残っていました。それをベンチの下に隠して置いたりするんです。あるとき、あんまり腹がへったので、四人ほどのグループで駅前の食堂を襲うことにしたんです。おいしそうなカレーライスがウィンドーに飾ってあったので、石や棒でウインドーガラスをたたき割って、そのカレーライスを持って逃げたんです。パクついたら、ガチッといって歯が折れちゃった。子供だから陳列用ロウ細工だってことがわからなかったんですよ」

プツッとOさんの話はここで途切れた。窓の外を見つめる目にはみるみる涙がわいて頬を伝わっていた。

Oさんは、門司で〝浮浪児狩り〟に遭って保護され、警察の人に連れられて、長崎本河内《ほんごうち》にあった『聖母の騎士園』に送られた。

「『聖母の騎士園』だって野良犬のような浮浪児には監獄でした。私も一度たまりかねて逃げたんですけど、駅に先回りしていた指導員につかまって連れもどされたんです。いまだって忘れませんよ、あのつらかった収容所のような生活は……。何かといえば、連帯責任だといって、軍隊式のビンタを浴びました。何度仕返ししてやろうと思ったかしれません。本河内の修道院のときより、小ヶ倉の三菱工員寮の跡地に移ってからのほうがひどい生活でした。毎晩泣いてました……」

Oさんは、もうこれ以上語りたくないというように口を閉じた。ほんとうにつらかったのは、『聖母の騎士園』から社会に出て働かなければならなくなってからだともいうのだ。

「あれは戦災孤児らしいよ、あれは『聖母の騎士園』だとよ」……世間の目は刺すように冷たかったという。

Oさんは現在、中学二年の長女を頭に四人の元気な子供がいるという。「だから、私は自分の子供だけは、腹いっぱい食べさせてやりたい、そう思ってるんですよ」そういいながら私を送ってくれた。

私は〝戦災孤児とゼノさん〟の写真から広がり始めたその知られざる戦後史に対する関心をいっそう募らせながら帰京した。戦災孤児救援の施設『聖母の騎士園』についての記録は、戦争の証言『長崎原爆戦災誌』に、「『聖母の騎士園』だけでも約百人の孤児が収容されていたが、その実態はほとんどわかっていない」と簡単に記述されているだけである。

一九七八年（昭和五三年）四月二日、曇り空の寒い日。東京練馬区の『関町修道院』の院長の許可がおり、私はゼノさんと初めて会うことができた。富士社会福祉事業団の枝見静樹さんが同行してくれた。

応接室にK神父に手をとられながら、ゼノさんがゆっくりと入ってきた。黒い修道服に身を包み、純白のあごひげをたくわえ、その目は青いガラス玉のように透き通っている。肌、そして白人のその顔は赤味を帯びて血色はよかった。背は想像していたより低く、一メートル六十五センチ、体つきは骨っぷしが太くがっしりとしていた。かつて数限りなく子供たちを抱きすくめてきたその手は白くて大きかった。

ゼノさんは、シャッターを切る同行していたカメラマンの方をしきりに気にしていた。

まず、戦災孤児と一緒に写っている写真をゼノさんに見てもらった。並べた写真について少しでも記憶が残ってはいないだろうかと考えたのである。

「オボエテマセーン」

太く高い、大きな声だった。

ゼノさんは、何度もじーっと写真の子供たちを見ていた。

「おじいちゃん、ボーヤたくさん連れてきました。このボーヤ覚えてませんか?」

枝見さんが、ゼノさんに聞いた。

三十年前の子供たち、何百何千人と頭をなぜ、アメ玉をやった子供たち、シラミをいっぱいつけて、鼻がまがりそうな臭いを発し、黒い修道服にぶら下がった子供たち。

「コクラ、ミウラサン」

突然ゼノさんは高い大きな声を発した。北九州市の小倉のことだろうか、その小倉の誰か知っている人の名を呼んだのだろうか、ゼノさんは、二、三度同じことを叫んだ。

私たちは、なんとか写真からヒントを得られないかとゼノさんに話しかけるのだが、ゼノさんは、思い出せないようだった。

一時間の面会時間はたちまち過ぎてしまった。ゼノさんは、もう部屋のベッドにもどらなければならない。K神父に腕をささえられて応接室を出ようとしたとき、ゼノさんは、その大きな手のひらで、ドアの柱をギュッと握り、もっと子供たちの写真を見ていたいと、部屋に帰りたくないとイヤイヤをした。

あれほど自由に全国を飛び廻った人なのだ。「ゼノ死ヌヒマナイデス、天国行ッテユックリ休ミマス」といって街から街を歩きつづけてきたゼノさんである。私たちが何ヵ月ぶりかの来客であり、まして子供たちの懐しい写真を見せられて、何かの思いが湧いたに違いない。太い大きな手は柱をしっかりつかんでなかなか放そうとしないのだ。

ゼノさんが毎日のように外出できたのは、一九七三年（昭和四十八年）ころまでで、翌年になると、週に一度木曜日だけ外出が許されるという生活になった。そして、その週一度の外出すらもだんだんできなくなり、一九七七年（昭和五十二年）には、ついに修道院の中だけの生活になってしまった。

私は、なかなか捜し出せない県庁焼跡にいた子供たちのことにはこだわらず、ゆかりの深い『聖母の騎士園』で育った子供たちとゼノさんの対面をなんとか実現させようと考えた。

「大人になった私たちは、お互いにものすごく会いたいくせに会おうとしないのです。金を借りにきたと思われるんじゃないか、会って話していると自分がうまくいってないことがバレるんじゃないか。昔のことを隠して生きてるのに、そこに昔の仲間がきたら困るだろう。助けてもらいに行きたくても行けない……私たちには横のつながりは、ほとんどないんですよ。住所はなるべく教え合わないようにし、同窓会も、ごく一部の者だけでほとんど集まらないんですよ」

十五番と呼ばれていた〇さんは、互いにどこでどうしているかはほとんど知らないのが現状だといった。小学校、中学校と十数年間、寝食をともに育った親のない子供たちが、社会に出てからは居所も知らせず会わないようにして生きてきたという現実。私は、単に風俗としてではない、民衆の戦後史がこのように重々しく社会の中に存在していることにあらためて思い至るのだった。

現に〝その後の戦災孤児の行方〟を捜し出すのは容易でなかった。「あんた、誰に私の住所を聞いたんですか……」「社会的な立場もあり、詳しいことはお話しできません」と取材を断られる場合が多かった。年齢は四十歳くらいから四十七、八歳。結婚して二、三人の子供をかかえる一家の大黒柱である。私が住所を確認した二十二名のうち独身者は二人。誰もが何度も職場を変わっていた。長崎県には四名ほど、関西地区が一番多く、そのほかは名古屋と関東。

一九四五年（昭和二十年）八月の敗戦後、戦災で家をなくし、親をなくした、いわゆる〝戦災孤児〟といわれた少年少女は全国に十二万人いたという。だが、彼らが、その後どう生きたかは不明なまま繁栄の戦後史の中に消滅していた。そしてその子供たちのために奔走したゼノ・ゼブロフスキー修道士の忘れてはならない救援活動の事実も一緒に消えていた。

私が、初めてゼノさんに会えた日から三ヵ月後の七月二十二日。『聖母の騎士園』の戦災孤児三名と、ゼノさんとの三十年ぶりの対面を実現させることができた。

一九四六年（昭和二十一年）一月六日、『聖母の騎士修道院』が戦災孤児収容施設の園としてスタートした最初の入園者だった人物が見つかったのだ。森田厳《げん》さん（四十五歳）と弟の等《ひとし》さん（四十二歳）だ。それにもう一人大阪在住の青野留吉さん（四十六歳）が見つかりゼノさんとの対面に上京してくれたのである。厳さんは長崎市で塗装業を自営。弟の等さんは、東京の塗装会社に勤務。青野さんは、大阪吹田市で大手会社の商品搬送が仕事だった。おのおの二人の子供をかかえる父親である。

暑い夏の午後だった。関町修道院長Ｉ神父に付き添われ、三人が待ちうける応接室にゼノさんは現われた。

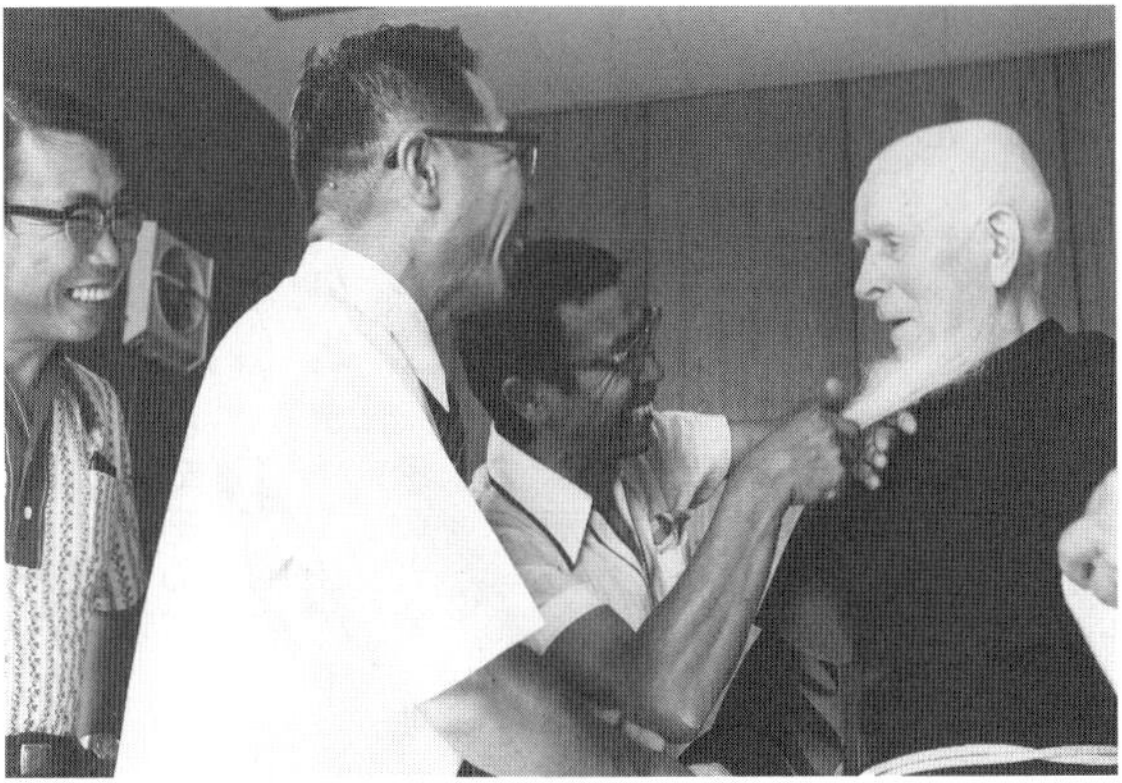
30年ぶりに再会した戦災孤児とゼノさん

「ゼノさん、覚えていますか？　森田です」

ゼノさんの青い目が、壮年のたくましい男たちにそそがれる。

厳さんが、ゼノさんの太い大きな手を握りしめた。

彼は、原爆で親をなくし、防空壕の中で、着るものもなく裸同然の姿で、原爆症で苦しむ姉と弟の三人で暮していた。

通りかかった山伏（修験の行者）があわれんでなにくれとなく助けてくれていたが、その老僧が、ゼノさんと知り会いだったことから、敗戦の翌年一月六日に、森田兄弟はその老僧に手を引かれ、ゼノさんが所属する本河内の聖母の騎士修道院へ連れて行かれたのだった。二人は、最初の収容者として、戦災孤児収容施設『聖母の騎士園』の第一号、二号となったのである。

兄の森田さんが、「ゼノさん、弟は九歳の坊やでした。一番初めに、『聖母の騎士園』へ来たんです。これが弟の等ですよ。覚えていますか?」

ゼノさんの瞳が、そのとき、明るく光った。

「オボエテマース!」

みんなが声をあげ、拍手した。つづいて青野さんが叫んだ。

「ぼく、青野です。ゼノさんから、チョコレート、チューインガムもらいました。本河内のルルドのところで、もらいました青野です!」

「ルルド、オボエテマス」

ゼノさんの頬がゆるみ、そのひげに、厳さんたち三人が子供の時の様に手を伸ばした。

「これ、これッ、このひげだよ。みんなでいつもこうやって、さわったんだよ」

「うん、みんなで並んで、行列つくって、このひげに順番でさわったな。これだよ、このひげ、このひげ……」

四十歳を超えたたくましい男たちが、ゼノさんの白いひげに指をからませた。

「オイ、だいぶ少なくなったな、もっとフサフサあったよな」

ゼノさんは黙って目を細めるばかりだった。

いったいどれほどの子供たちが、このゼノさんの白いひげを手にからませてかきむしったことだろう。親の温もりを知らず戦災孤児として寮生活を送らなければならなかった子供たちにとって、ゼノさんのひげはなき親の温もりであったのだろう。

長崎から森田厳さんが持参したカステラと、青野さんと等さんが手渡した白ユリの花束を抱きしめたゼノさんは、それを幼児のようにかかえ込み、いつまでも手放そうとはしなかった。

三人の大人になった戦災孤児の瞳が濡れていた。

一九四五年（昭和二十年）八月十四日。大日本帝国はポツダム宣言を受諾、無条件降伏した。戦争犠牲者が街に溢れ、飢餓戦線をさまよう〝戦後〟の日々が始まった。

空襲で家を焼かれ、父母を失った幼き子供たちが、野良犬同様の生活を強いられ、栄養失調でコケた頬、怯えきった瞳を闇のなかに走らせていた。

「ボーヤ、コッチヘイラッシャイ、パン、アゲマス、神様ノパンデス」

青い目、白いあごひげ、黒の僧衣、灰色の中折れ帽子、黒鞄の中からパンを取り出した外人神父が、腹をすかした子供たちに差し出した。

ボロボロの服をまとい、垢で汚れた子供たちは生唾をゴクンと飲みながら、白い大きな手に握られたおいしそうなパンをジイッと見つめる。身をよじりながらも子供らは不思議なそのひげの外人神父のそばに近づいて、ひったくるようにパンを受け取って口にした。

「ボーヤ、長崎、シッテマスカ、ボーヤノ家アリマス、パン、毎日アリマス、オジサント一緒、長崎、行キマショー」

必死でパンをかみくだいていた子供たちは、ちょっとふくれ顔をして外人神父を見上げる。

「長崎って?」

「ソウデス、長崎行クト、ボーヤノ家、アリマス、オ友ダチ、タクサンイマス。パン、ヨーフク、ゼンブアリマス、神様ヨイコノタメクダサイマス」

「神様って……」

「マリア様デス、ボーヤノオカアサンデス」

子供たちは、食べ終わった口元をぬぐいながらちょっと立ち去りがたいような様子を見せてから「フンッ」といったきりすたすたと逃げて行く。

男は、黒鞄を閉め、帽子をかぶり直し、腰につるしたロザリオを握りしめて、立ち上がり逃げて行った子供たちのあとをまた追って行った。

上野で、新橋で、横浜で、名古屋で、大阪で、神戸で、小倉で、福岡で、佐世保で、長崎で、熊本で、鹿児島で、その「外人神父」は〝浮浪児〟を求めて歩き廻っていた。

その「外人神父」こそ、ポーランド人のカトリック修道士、ゼノ・ゼブロフスキーだったのだ。

敗戦のどん底時代を知らない若い読者は、〝ゼノ神父〟〝戦災孤児〟〝蟻の街〟といってもよくわからないにちがいない。しかし、大人たちなら、つらい時代の一点の温かい光であった〝ゼノ神父〟のことを、ある共感を持って思い出すことができるのではないだろうか。

　しかし、その大人たちにとっても戦後の奇跡的ともいえる経済復興で、あのどん底時代の日々は、思い出しようもないほど遠い彼方へと霧散してしまっている。

第1章　ポーランドから来た人

青年ゼノ、コルベ神父との出会い

はるばるポーランドからやってきたゼノさん一行が、長崎の港に到着したのは、一九三〇年（昭和五年）四月二十四日のことだった。このとき、ゼノ・ゼブロフスキー修道士は三十二歳、まだ髪は黒々として溌剌たる青年僧であった。そして、以来五十年、第二次世界大戦をはさんで、ゼノさんはすっかり髪を白くしながら日本にとどまり、貧しき人々に手を差し伸べつづけてきた。このゼノさんの前途を当時誰一人として予想したものはいなかった。

午後二時すぎ、両手に大きなトランクをさげた三人のポーランド人（コルベ神父、ヒラリオ修道士、ゼノ修道士）は、小雨模様の出島の桟橋に降り立った。上海から日本郵船が誇る五千五百トン、二十一ノットの快速船「長崎丸」で三十八時間、ポーランドを出てから二ヵ月目、最後の目的地日本にようやく到着したのである。

故国ポーランドのニエポカラノフの聖母の騎士修道院を出発したのが二月

二十六日。途中カトリックの総本山ローマのバチカンに立ち寄り、ローマ法王ピウス十一世に接見し、遠く東洋の地で布教活動することの許しを得て、一行五名は、ローマ、マルセイユ、ポートサイド、ジプチ、コロンボ、シンガポール、サイゴン、香港を廻り中国の上海に立ち寄ってきた。当初は中国と日本の二国で布教活動を展開しようとしていたコルベ神父とその一行は、上海に二人の修道士、セベリンとジグモンドをおろし、残る三人で長崎に渡ってきたのである。

桟橋に迎える者とてない三人は、出島から自動車に乗り大浦天主堂へ向かった。ツツジの咲き誇る築山にはさまれた石段の上に、天主堂の尖塔が見えたとき、三人は思わず「オオ」と呻いた。天主堂の下に聖母マリア像をみとめたのである。一行は、瞬時立ちつくしてしまった。

長崎にやって来たポーランド人修道士たち

というのは、彼らの所属する〝聖母の騎士会『無原罪の聖母の騎士団』〟は、一九一七年(大正六年)、コルベ神父と修道会の兄弟たちによってローマで創設されポーランドで発展した布教団体であり、その理想を「聖母マリアにすべてを捧げつくし生き、聖母マリアの心を己が心として日々を行動し、聖母マリアの騎士として修練する」とし、一にも二にも聖母マリアに祈ることを心の主柱にしていたのだ。長崎に着いてまず最初に聖母マリア像と対面したことは彼らにとって何にもまして大きな感動を呼んだのである。

地球を半周して東洋の彼方へやってきた三人にとって、そのマリア像は前途に対するさまざまな不安を吹き飛ばしてくれる聖なる母の姿だったのである。

その昔、徳川幕府はキリシタンをきびしく弾圧し、この長崎地方では多くの殉教者を出していた。中でも幕末から明治初年にかけてこの長崎を舞台に起きた〝浦上四番くずれ〟は、もっとも大規模なキリシタン弾圧事件であり、ゼノさんら一行もまた故国を発つときにこの国の弾圧の歴史を知っていたのだ。

イエズス会の宣教師フランシスコ・ザビエルによって初めて日本にキリスト教が伝えられたのが一五四九年(天文十八年)。しかし、以後徳川幕府は禁教令

（一六一五年〈元和五年〉）を出し、以来二百五十年の長い間、日本のキリスト教は迫害されてきたのだ。ヨーロッパの教会から送り込まれてくる外人宣教師たちは次々と捕えられ、迫害され、〝殉教〟していった。外人宣教師を失った日本の信者たちは、迫害をのがれ隠れキリシタンとなって、その信仰を守っていた。

その日本――徳川幕府が滅び、禁教令がなくなって六十五年たっていたとはいえ、ポーランドからやってきたゼノ修道士たちにとって、日本はなお未知なる不安の国であり、殉教を強いる国だった。

一九三〇年（昭和五年）の正月、日本に来る四ヵ月前、ゼノ修道士は、ポーランドのニエポカラノフの修道院で、七百人にのぼる修道士たちとともに、修道院生活を送っていた。

ある日、彼は最も心をよせ信頼している上長のコルベ神父に呼ばれた。神父の部屋に入ると、いつもするように二人は聖母像に祈りを捧げた。

祈りが終わるとコルベ神父はゼノ修道士に語りかけた、「兄弟《フラテル》ゼノ。あなたは殉教を望む気持ちがありますか」と。

ゼノ修道士は当然のように「あります」と答えた。

コルベ神父は重ねて聞いた。「怖いと思うことはありませんか」と。ゼノ修道士は、以前よりは厳粛な声できっぱりと「ありません」と答えた。

コルベ神父は、聖母マリアにすべてを捧げる決心をしているゼノ修道士を確認するかのように言葉を継いだ。

「私はいま、ニッポンに行く許可をローマの総長（コンベンツアル聖フランシスコ修道会の総長）からいただいてきたばかりです……。一緒に、四人のフラテルたちを連れて行くお許しもいただいてきました。

私は、この計画の中に、あなたを入れました。ただし、あくまでも、あなたが日本で殉教することを望むならばです」

ゼノ修道士にとって、それは思いがけない命令《いいつけ》だった。何百人という修道士の中から自分が選ばれたという光栄と、殉教を覚悟しなければ行けないような重要な土地へ行くのだということが、ゼノ修道士の中に大きな感動をよび起こした。

「神父さま、殉教を望みます」ゼノ修道士は、一語一語かみしめるように答えた。

コルベ神父は、やわらかい声で静かに祈るように答えた。「では何も心配はいりません、天主様のお恵みがあれば、きっと殉教が怖くはないでありましょう。さあ、祈りましょう」二人は最初したように再び床にひざまずき、長い黙禱《もくとう》を捧げるのだった。

しかし、当時のゼノ修道士のことを知る者にとって、かくも従順にコルベ神父の申し出を受ける彼の姿を想像できるものはなかった。というのはゼノ修道士は、小さなころから厳しい教会人としての教育を受けてきたわけでもなく、その前歴はごく平凡な街の若者といったところであり、〝修道士〟になったのは二十七歳をすぎてからのことである。

ゼノさんの父親はヨゼフ・ゼブロフスキー、母親はアンナといい、ポーランドの東北、ロムザ県オストロウィンカ郡シュロベ村の大きな農家であった。長男がヴィゼンテ、次男がヨゼフ、三男がスタニスラフといい、ゼノさんは四番目の男の子として生まれ、下に長女ヘレナがいる五人兄妹。

ゼノさんの生年月日については諸説があるが、私は長崎本河内の教会が確認している一八九八年（明治三十一年）九月二十二日生まれの説をとった。亡くなった一九八二年（昭和五十七年）四月二十四日には、八十三歳だったということになる。

ゼノさんが生まれたころのポーランドは、まだ独立国ではなく、ロシア、ドイツ、オーストリアの三国に分割支配されていた。ゼノさん一家がいたシュロベ村は、ロシア帝国が支配しており、国語としてロシア語教育が強制的におこなわれていた。だがしかし、愛国心が旺盛だったシュロベ村の人々はこれに抵抗し、ロシア語学校には子供たちを行かせなかった。村の人々は、独自に移動式の秘密学校を組織し、大きな農家にもちまわりの教室をもうけ、子供たちをそこで勉強させた。しかし実際は、あまりその学校は開かれなかった。農繁期には子供たちは農家の手伝いで忙しかったからだ。だから、ゼノさんは結局正式な学歴をもたない。

ゼノさんはいう、「秘密学校、コレ冬ダケ。夏、子供学校行カナイヨ。イソガシデスカラ。ニワトリ、ピーピー。豚デスカラ、牛馬デスカラ。川、魚トルデスカラ」

一九一四年（大正三年）、第一次世界大戦が勃発した。ロシアとドイツとの戦争はポーランドを戦場にして戦われた。ゼノさん十六歳のときである。

「ロシアヘイタイ、要塞ツクルノ、ワタシ行キマシタ。コレ義務アリマシタ。何人男加勢スル、役場キメマシタ……ワタシ、兄弟イチバン下ボーヤデスカラ行キマシタ。二十歳前コレダイジョウブ。家カエッテイイデス。二十歳上コレ大キイデスカラ、ロシア兵隊トッテ、カエラナイヒトオリマシタ」

森の中に退却したロシア軍は、各家ごとに男子一名を勤労奉仕に徴用し、二十歳以上の男はロシア軍の正規の兵隊にした。二十歳未満だったゼノさんは、徴兵の心配がないので兄弟たちにかわって勤労奉仕に応じたのである。

第一次世界大戦が終結すると同時に、ロシア革命が起こりその激変する世界情勢の中で、ポーランドは百五十年ぶりに独立し、一九一八年（大正七年）十一月十一日、新たに、ポーランド共和国が誕生した。

ポーランドに進駐していたドイツ兵が次々に武装解除されてポーランドの地から出て行く。新興ポーランドの青年たちの血は湧きかえった。ゼノさんもそんな愛国青年の一人だった。

「コノトキ、アタラシイポーランド、馬ノッタ兵隊、タクサン来マシタ。ミナキレイノ服。ボーヤコレミタデスカラ、イイマシタ。

『ワタシ、兵隊行キマス！』

オ父サン、オ母サン、イイマシタ。

『アナタ、兵隊行ッタラ泣キマス』

『イイエ！ボク泣キマセン』

アトカラ泣キマシタ。シラミ、食ベモノ少ナイ。家イタトキワガママ。兵隊ハワガママナイデショ。キビシイデスカラ、泣キマシタ」

ゼノさんは、厳しい兵隊生活なんかつとまらないからと、反対して止めた両親のいうことを聞かずに徴兵検査を受けて入隊し、機関銃隊に配属されたのである。だが、このときゼノさんは、首にできた悪性のオデキに苦しんで、オストロコモロボの野戦病院でウンウンうなって戦闘には参加しなかった。

結局、三年ほどの軍隊生活で、ゼノさんは、ニワトリ三匹殺しただけで除隊したのである。

「ワタシ兵隊、二年三年デショウカ。ワタシ兵隊ダイスキ、ケドモヤメマシタ。ドウシテコレ？上ノ人、ミナキメル、兵隊自由ナイデショウ。ワタシヤメマシタ。家帰ッテ、ヨメサンモラウ、コノコトカンガエマシタ」

除隊して家に帰ってみると、次男のヨゼフも三男のスタニスラフも結婚して一家をかまえていた。

ようし、兄貴たちにまけられない。一つ大きな仕事をやってひともうけしたら、美しい嫁さんをもらって立派な一家をつくろうとゼノ青年は再び家を飛び出した。すぐにでも嫁をもらって兄たちのように落着けとすすめる母や兄嫁をふりきって、街に飛び出して行ったのである。

ゼノさんが後に〝全能さん〟とあだ名がつくほど何でもできる人になったのは、一獲千金を夢みて、あっちにフラフラこっちにフラフラと自分の可能性を求めてあらゆる仕事に手を出したからで、その一時の体験が役立って、何でもできるゼノさんは〝全能さん〟といわれたのである。

この時代のゼノさんは、実に多くの職歴を経験しているのだが、中でも「炭鉱の経営者」は出色である。

長年ポーランドの鉱山や工場などは、ドイツ人が経営権を握り、ポーランド人は雇われの身だったが、第一次世界大戦後は、その地位が逆転しはじめた。この機に乗じてゼノさんは父親などから資本金を出してもらい、その経営権を掌握し、共同経営者として同年輩の友人を支配人にした。ところが、自ら経営手腕を発揮するはずだったのだが、「友ダチ、毎日ダンス考エルダケ。仕事イッテモ、アトカラ、アトカラ、ミンナダメナリマシタ、ヤメマシタ」

たくわえていた資本金は、ひとかけらの石炭も掘らぬうちに消えてしまったのである。裸一貫になってしまったゼノ青年。このままではシュロベ村には帰れないと、この悪友の伝手《つて》を頼りにグペルナ郊外のビート畑で人夫となった。鉱山の経営者が一夜にしてビートの葉を一枚一枚切り離す単純な肉体労働者となった。後悔することしきりだった。急に何年も家を出たままの故郷が恋しくなり、いてもたってもいられずゼノ青年は故郷をめざした。虫の知らせというのだろうか、シュロベ村の自宅に帰る途中に立ち寄った兄の家で、思いがけない悲報を受けた。日頃、誰よりもゼノ青年を優しくかばってくれた兄嫁のロザリヤが、顔を見るなり泣きじゃくるのである。

なんのことかポカンとしていると、ロザリヤは泣き泣き「オ母サン、死ニマシタ、今日葬式スミマシタ」というのである。十二月二十五日の深夜のことだった、凍りついた夜道を「オ母サン！ オ母サン！」と叫びながら夢中で走った。

「夜中十二時、家ツキマシタ。オ母サン、モウ墓地行キマシタ」

母を一番心配させた末息子ゼノは、死に目に会えなかった自分を、親不孝ものだと悔やんだ。

「ワタシオ母サン、トッテモ熱心ノカタ。神サマダケ考エルデス。ワタシボーヤ、心ミドリ（青春の意味）デスカラ、コノコトアマリ考エマセン。オ母サン、ソノタメ泣クモアッタデス」

兄嫁のロザリヤが聞かせる母の話は、どんなにゼノのことを心配していたかという話ばかりだった。

さすがの放浪青年ゼノも久しぶりに村での静かな日々を送った。

やがて心を落着かせるようになると、兄の住むミセネツ町の近くの鍛冶屋の職人として住み込んだ。そのころのポーランドでは、たいてい職場に入って三年くらいは無給で、仕事を覚えた後に給金をもらうのが普通だったが、ことのほか真面目に働いたゼノさんは半年で給金をもらう身分になった。仕事に自信もついた。一年の後、今度は、ボーチ県のプラシンスという町で農耕機械をつくる鉄工所に移った。同年輩の工員が大勢働いている工場で、住み込みで働いた。

ゼノ青年の生活は人が変わったように落着きを見せ、兄たちは今度こそ嫁さんをもらって家にいてくれるだろうと考えていた。


しかし、ゼノ青年の心は、母親の死という深い悲しみのせいだろうか、母親がもっとも関心をよせていた神の存在について日々惹かれていったのである。ちょうど、勤務していた鉄工所の前に、非常に厳しい修業で知られるイタリア人の修道院があった。ポーランド語もできないこのイタリア人修道会の人々は、大戦後の浮わついた世相に警鐘を与える意味で、ポーランドの枢機卿によってわざわざ招請された厳格な修道士の一団であった。

第一次大戦でプラシンスの町は徹底的に砲撃され、町の教会は跡をとどめぬほど崩れ落ちていたが、この崩れた教会の廃墟の片端にそのイタリア人の四人の神父と三人の修道士は住んでいた。ゼノ青年は、この修道会の人々とふとしたことから口をきくようになり、交流するようになった。

侵入したドイツ軍は、ロシア正教とカトリック教会を攻撃目標にし、こなごなに撃ち砕いていったが、ただ一つだけ、鉄工所の前の教会の鐘楼は何度も砲撃を受けても崩れなかった。意地になったドイツ兵は、もっとも強力な大砲を運んできて、その鐘楼をめがけて再び撃ったが、その巨弾は壁にめり込んだだけで爆発せず塔は割れ目さえできず建っていた。あきれたドイツ兵は諦めて引き揚げてしまった。

「ワタシ、コノ大砲タマ、見タデスカラ、スコシ感激シマシタ」

この崩れなかった塔の一枚一枚のレンガは熱心な信者たちによって積み上げられたものであった。感激しながら塔を見上げるゼノ青年は、熱心な信者だった母親のことを思い出していた。

第一次世界大戦の後、父親のヨゼフが一家そろってアメリカに移住しようといい出したとき、強固に反対したのは母親のアンナだった。その理由はアメリカには教会がないということだった。アメリカだって立派な教会はあったのだが、アンナのいう意味は違っていた。彼女にとって教会とは、信者が魂を込めて一枚一枚焼いたレンガでできた教会のことだった。神への愛着をこめて積み上げた故郷の教会を捨てるわけにはいかない、生活は苦しくとも故郷を捨てるのはまちがっている、これが母アンナの主張だった。

いつしかゼノ青年は、鉄工所の仕事の合間をみて、巨弾にも崩れなかった教会で厳しい修業をつづけるイタリア人神父たちのもとに通いつめるようになる。一時は村一番の豪農でもあった自分の家が戦争にまき込まれて没落する姿や、アメリカに渡ってかせいできた父が急にふさぎ込むことになったことなどをまのあたりにするうちに、この世の無常を知り、神の救いについて考える思索の青年になっていったのである。人生とはいったいなんだろう。神父の説教に耳をかたむけるようになり、やがてその関心は次第に神につかえる修道院生活者に対するあこがれへと変わっていった。そしてついに、ゼノ青年は奇跡の塔のある廃墟の修道院『御受難修道院』の門を叩いたのである。

しかし、ゼノ青年には、まだ迷いがあった。フランスのパリで美しい嫁をもらうという夢も捨てきれないでいた。『御受難修道院』の神父は、そんなゼノ青年の心の内を見ぬいたのであろうか、「アナタ、修道士ノ材料デナイデス」といって、入門を拒否したのである。

しかしゼノ青年は、修道士になることをあきらめきれなかった。めったに書かない手紙をそえて、コンベンツアル聖フランシスコ修道会の管区長宛に、入会願書を送ったのである。

返事を待った。

〝持参するお金はいくらか、下着は何枚か、服は何着か、靴は何足か、書類に書き込んで持参すること〟——ついに、管区長から入会許可の返事がきた。書類を持ってグロドノに行き、コルベ神父に会うようにと書いてあった。

ゼノ青年は、家庭に落着いてくれるものとばかり思っている兄や父親に気づかれないように書類を作成し、入会の手続きを完了した。

冬は三ヵ月にわたって氷点下が続き、八十日間は氷結するという厳しいポーランドの気候も、五月に入ると気温は十四、五度となり、各地で春の花まつりが開かれるようになる。

一九二四年（大正十三年）五月。その日もすがすがしい春の一日であった。ゼノ青年は生来おしゃれであったという。特に靴には目がなく、ラケル皮のハイヒールをいつもピカピカにみがきあげ、一年に一度の復活祭のときだけに出して履くのがたのしみだったという（これは後の話であるが、乞食神父、シラミ神父といわれていたゼノさんに意外なエピソードがある。隅田公園内に「蟻の会」を組織した松居桃楼さんが直接目撃したことであるが、ゼノさんは他人の目につかぬように電光石火のごとく櫛をふところから取り出し、その白いあごひげをさっと梳《と》かすというのである。長いつきあいのある松居さんにしか見せることがなかったゼノさんのおしゃれな仕草である）。

この日もゼノ青年は、ピッチリした背広に水色のハンチング、ピカピカにみがかれた自慢の半長靴をはき、服を三着、靴四足、下着類数組、その他身のまわりの品々を大きなバスケットにはちきれんばかりにつめ込んでグロドノの修道院へ向かった。

ゼノさん、二十五歳のときである。

修道院に到着すると、ゼノ青年が持っていた自慢の品々は全部取り上げられ、櫛を通してなぜまわしていた頭も坊主にされた。着ていた服も全部脱がされると、誰かが着古した作業服を与えられた。

これは、ゼノ青年が思い描いていた修道院生活とは大いに違ったものだった。

「ワタシ毎日……ストーブソウジ、コレ焚クデスカラ、床ソウジ、イツデモコレ。……修道院デスカラ毎日祈り、ヨイ生活スル。コレワタシ望ミアッタデス……シカシ、イツデモソウジバカリ。コレ番頭サンノ仕事デナイ、女中仕事。ワタシ世間ニイタトキ自由。食べモノ何デモ自由。ワタシコレトテモ苦シミマシタ。ワタシオコッテ夜、ネムレマセン……」

苦痛に耐えかねたゼノ青年は、ある日たまりかねて院長のコルベ神父の部屋の前に立った。もうみんな寝ついた深夜だった。

「――トントン、コレ叩イタデス。コルベ神父サマ、ドアニ、誰デモイツデモ入ッテイイデス、コレ書イテアリマシタ」

「アア、アナタ、マダオキテイマシタカ」

「神父サマ！　ワタシ、ウチ帰リマス。ワタシ女中デハナイデス！　コレ修道院キマセン」

「ドウゾ、コチラニオハイリナサイ。コルベ神父サマ、夜オソク、マダ原稿書イテイタデスカラ、コレ強力ニイッテ、部屋ナカ、入リマシタ。小サイノ部屋。ベッドアッタト、アト少シダケアイダアルダケ」

ここで初めてコルベ神父からこんこんと説教を受けたわけです。そしてコルベ神父の人格にふれ、その深い神の僕《しもべ》としての道を教えられたのです。

いったいどんな内容がコルベ神父によってもたらされたのかゼノさんは語ってはいないのだが、これまで空しく求めさまよってきた自分の人生にピリオドをうつほどに決定的な契機をこの夜見い出したようである。ゼノ青年はこの夜を境に、他の修道士たちの中に懸命にとけ込もうと努力して誰よりも熱心に働きつづけるのであった。

コルベ神父が創設したばかりのこの修道院の十名たらずの修道士たちは、朝食がすむと先を争って印刷部屋に飛び込み、活字を拾い、印刷機の手回し、製本、発送と猛烈に働いていた。しかも、どんなに忙しくともいやな顔ひとつせず、みなは喜々として働いていたのである。

コルベ神父は、自らすすんで人のいやがる仕事をしようとした。そして、いつも金がなかった。少しでも寄付があれば、一冊でも多くの人に読んでもらうための印刷代に変わった。誰のために何をしなければならないか——コルベ神父は、これを兄弟《フラテル》たちに教えていたのだ。貧しさは神の僕《しもべ》たる者の当然の姿であると。

六人の修道士に対して、外出用のオーバーは共同のものが一着だけ。外出用の長靴も共同使用だった。ゼノ青年はコルベ神父と同じ大きさの足だったので、二人で共同して使っていた。衣食住をともにし、貧しい生活を自らに課して働きつづけるコルベ神父のそばで、ゼノさんは、コルベ神父に強く結びつき修道士の先頭にたって働くようになった。

コルベ神父は、そのころ結核におかされており、肺は普通の人の三分の一も動いていないだろうといわれていた。コルベ神父は医師や修道院長の厳命を守って一日一回の安静時間だけは、おとなしく自分のベッドに身を横たえることにしていた。しかし、その大事な安静時間にもゼノ青年を部屋に入れ、ゼノ青年が勢いよくトントンと靴なおしをする音も気にせずに、聖母マリアに対する献身を説くのである。

「聖母マリア様は人を外面的な偉さでなくいかにご自分を愛するか、そのためにどんな心で祈り、犠牲を捧げるかで、その人の価値をはかります……」と説くコルベ神父。ゼノ青年は〝マリアのために闘う決意〟がどんなに尊いことであるかをこのコルベ神父に教えられるのだ。

日本に渡って以来のゼノさんの働きを知る私たちは、ときに、なぜあれほどに世のため人のためにつくしきれるのか驚ろかされるのだが、後に〝聖者〟（一九八二年の秋）となるほどのコルベ神父に直接指導をうけたことに、一つの大きな鍵があるような気がする。

そのコルベ神父が、未知の国日本へ渡って布教活動をする計画の中に、ゼノ修道士をまっ先に加えたのは、多くの職業体験を持つ活動家としての適性と、不屈の精神、聖母マリアに対する徹底した愛をつらぬける人物だと見たててのことであったのだ。

質素にして激しい労働の日々

さて、長崎に上陸したコルベ神父とその一団は日本語もろくにわからず、日本の風土習慣も理解せぬまま一ヵ月後には、はやくも布教用雑誌『聖母の騎士』第一号を全ページ日本語で出版している。

五月二十四日、コルベ神父ポーランドのニエポカラノフの本部に電報を打った。「今日、日本語の『聖母の騎士』第一号を送る。印刷所も持った。無原罪の聖母に栄光あれ。マキシミリアン・コルベ」

菊判（縦二十二センチ、横十五センチ）十六ページ、総ふりがな付きの日本語雑誌を編集発行したのである。創刊号の部数は一万部、うち八千部を長崎教区教報社から信者らの住所録を借りて全国に発送、あとの二千部を二人のポーランド人がおのおの街頭に立って配布した。

布教雑誌「聖母の騎士」を作るゼノさん（昭和 10 年頃）

中でもゼノさんの布教配布活動はユニークで積極的なものだった。長崎市の街中だけではなく郊外の農村などを日の暮れるまで歩き廻った。ゼノさんは相手かまわず雑誌を手渡しながら「アナタ、メイシン、モッテイマスカ?」と声をかける。「迷信!?持っているか!?」

びっくりして問いかえしてくる相手が「名刺」をほしがっているとわかるのには

大いに会話をかわさなければならない。外人修道士のへんな日本語にまどわされていろいろと話すうち、皆はすっかりゼノさんに興味を覚えてしまうのです。

ゼノさんは受け取った名刺に相手の職業を記入する。日本文字が読めないから、顔をみてその人の職業を絵に書いて覚えるのである。靴屋は靴の絵を、牛乳屋さんなら牛乳瓶を名刺に書いておく、これで相手を思い出すという寸法です。だから、一日廻ってくるとゼノさんの鞄の中には名刺がいっぱい。

相手が仏教の坊さんだろうと、警官だろうと、商人だろうと、電車の車掌だろうと、ドンドン話しかけるゼノさん。人々は笑いころげながらこの奇妙なオランダさん（長崎の人々は外人宣教師をそう呼んでいた）から『聖母の騎士』の配布を受けとるのです。

貧しくつつましい生活をつらぬくポーランドからきた一団の評判は、長崎の人々の噂となりながらも『あん人たちのさっさることじゃけん』と、困惑しながらも配布される『聖母の騎士』誌を購読した。寄付者は長崎周辺ばかりでなく、大阪、京都、東京、秋田、あるいは朝鮮の京城、中国の漢口《かんこう》からの送金もあるようになった。

京都山科にある『一灯園』の創始者であり、当時、全国に百万人の崇拝者を持つといわれていた宗教的社会運動家、西田天香《てんこう》氏（当時五十九歳）が、昭和五年、講演活動の折長崎で、ゼノさんたちの活動を知り、その無心に働くポーランド人に心うたれ、悪戦苦闘する彼らの手助けをしている事実がある。

このときの様子を西田氏が書いている。当時の日本人に映ったポーランド人の姿が表現されているのでそれを引用してみる。

「……なるほど一町たらず下ると（大浦天主堂の下）或病院の空部屋がある。建物は大きく、かつ広い、けれどもそれは無住の部屋。粗末な道衣が欄干《らんかん》にほしてあった。…………戸を開けはなして二人の碧眼子（ゼノさんとヒラリウス修道士）が立っている、見れば、年頃三十前後。一人はやや背低し。言語少しも通ぜず。しとやかに我ら三人を室内に請じようとする。

一見旧知の如し――といってよいのか、もうただ一つである。かたわらに二ヵ所むしろが敷いてあり、その上に粗末な毛布が置いてある。板の間の敷き流しである。

そして彼らの二人は跣足《はだし》である。……極めてわずかの日本語を覚えている。オトモダチ、ワタシラぐらいのものである。

無原罪の聖母というパンフレットと、小さいマリアの銅像をくれた。……遠い所から、まあ巡礼の態度で、言葉も分らぬ日本に来てただ聖母に全体を捧げて、かようにやさしい顔に、いささかの不安もない様子をただよわせている二人は、全くこの世のゆきづまりのとばりを、少しも受けておらぬのである。……」（昭和五年九月二十五日付同人誌『光』）

当時の日本人、長崎の人々の目には、三人のポーランド人のやろうとしていることは、ほとんど無謀だと映ったようだが半面、その無心な「巡礼のような態度」に心をひかれていた。彼らがいち早く日本語版の雑誌を発行することができたのも、一部の日本人の協力があったからである。

長崎の名家で、輸入薬の薬局をひらいていた小曾根邦次郎氏（一九八二年〈昭和五十七年〉現在、八十八歳で長崎に健在だった）、キリシタン研究家でドイツ語のできる田北耕也氏（八十三歳）らが助けたのである。

しかし、大半の人々は、その貧しい生活ぶりを見て、やれ「シラミ神父」だの「乞食神父」だのといって特殊視していた。

「あれでは、カトリックは乞食だと思われかねない！」こんな声が、カトリック信者や他の教会の人々の中から聞かれるようになってきた。このままではいけない。

一日も早くしっかりとした修道院を建てて、長崎に根をおろさなければならない。コルベ神父はさらなる決意のもと、本国ポーランドから新しく修道士たちを呼びよせその基礎づくりを急ぐのであった。

来日一年あまりは、大浦司教館下の雨森病院あとで借家住いの身だったが、新たに参加するポーランド人修道士の寝室を確保するために、土地を捜し、修道院を建てることを急いだ。

この土地捜し作戦は、ゼノさんの役割となった。

コルベ神父は、もっぱらゼノさんの交渉術に大いに期待した。日本人との交渉はゼノさんが一番だと自他ともに認めていたのである。

将来は、司祭養成のための神学校も開設したいというコルベ神父の考えで、広い土地を捜さねばならなかった。平地の極度に少ない長崎では手頃な土地がなかなか見つからないうえに資金もなかった。

何日も何日も足を棒にしたゼノさんは、ついに長崎市の西部、彦山《ひこさん》（三百八十六メートル）の中腹に急斜面だが安い土地を見つけ出した。昔、墓地だったところで、牛、馬、猫、犬などの死骸の捨て場所にもなっていた所が見つかった。一面、藪で被われ、岩と崖でできており、登るのにも骨が折れる斜面の多い土地だった。しかし、街中で最も貧乏な修道士たちだった一団にとっては、七千五百坪もある土地は魅力であった。

コルベ神父の決断で入手がきまり、値切りに値切って、地価九十五銭の土地を五回の分割払いということでついに手に入れたのである。一九三一年（昭和六年）のことである。ゼノさんの陣頭指揮のもとに、二間に五間の印刷所兼修道院は完成した。だが、中に、印刷所、活字室、本の発送事務所、小聖堂、さらにコルベ神父

長崎、本河内に建設した「聖母の騎士修道院」

の部屋をつくると、もう他の修道士たちの部屋はとれなかった。やむなく、屋根裏を利用することになったが、これが夏は暑く、冬は寒い最悪な寝室となった。真冬でも布団はなく、毛布二枚だけで、低くて狭い天井裏にゴツンゴツンと大きな体をぶつけて、やっと横たわるといった風だった。

どんな労働もいとわず── 若き日のゼノさん

ポーランド人たちにとって耐えがたかったのは、冬よりも夏だった。ポーランドのワルシャワでは、真夏の七月でも、平均十九度である。長崎はそれより十度以上も高く湿度がとても高い。ポーランド人にとって日本の湿潤な気候は耐えがたいものだったのである。次々にポーランドからやってきた修道士たちは、病気になって何人も帰国するということが続いた。

ゼノさんが、初めて日本にやってきたのは、四月の下旬のことだったが、その後につづいた連日の雨の日に、ゼノさんは、なんという雨ばかりの国だろうと驚いたという。ちょうど梅雨期にあたっていたのである。そしてその〝連日雨の日〟の梅雨《つゆ》が終わると、今度は汗がダラダラ流れる蒸し暑い夏であり、そして九州地区を次々に襲う台風の襲来。ポーランド人にとって、日本の気候は恐るべきものだった。

しかし、ともするとへばりがちな修道士たちを元気づけたのは、コルベ神父だった。修道士たちが深く信頼を寄せていたコルベ神父は、修道士たちを小さな聖堂に集めてその教えを説いた。

「日本での事業は、私たちのものではなくマリア様ご自身の事業です。私たちは、マリア様の最も小さな道具でしかありません。その道具を使って大きな事業をなさろうとしています。道具はどんな些細なことでも使う人の意のままに動かなければ意味がありません。

私たちは、次のことをいっときも忘れてはなりません。場所、時間、状態のいかんを問わず彼女の道具であることに徹しなければならないということ。そのように努力すればまちがうということはないでしょう。確実に大きな発展があります。

しかし、マリア様の完全な道具となるためには、いつも助けを祈らなければなりません。祈るということは難しいことではありません、たとえばマリアのお名を心にとなえるだけで充分なのです……」

暗い小聖堂の中で、ロザリオをにぎりしめコルベ神父の話す言葉に聞き入っている一団、先輩格のゼノさんもひざまずいて聞いている。この当時の修道士の生活ぶりを知る日本人医師がいる。長崎市古川町の深堀小児科の院長である深堀安郎氏である。

コルベ神父の生涯を書いた本『奇蹟』の一節で深堀氏は語っている。

「……貧乏はひどいものでした。板でできた手製の寝台に寝ていました。夜具といったら、毛布が上に一枚、下に一枚だけです。私が診察に行きますとね、外に行くときに着ている外套までかけて寝ている。なにしろ悪寒がしているんですから、どんなに寒かったろうと思いますよ。そういうときは、他の修道士の毛布まで集めて急場をしのいだんです。

食事もひどいもんでしたな。アルミの入れ物にご飯の油いためが残っていたことがあるんですが、それがヘットを使っているもんだから、臭いのなんのって。スープは野菜スープでした。油は少し入っていましたが、とにかくダシなんてなくて、油気だけです。雑誌のことだって、早坂司教まで『あんな雑誌出して誰が読んでくれるかね』と懐疑的でしたね。でも私は、『しかし、皆熱心ですばい』と思わず弁護したのを覚えています。ですけど内心では、ざら紙でひどいもんでしたし、信者の人しか読まないだろう、と思ってました。しかしまったく、敬服しましたね。コルベ神父は秀才だったけど、冷たい感じがまったくなかった。そして自制力が極めて強かったです」(曾野綾子著『奇蹟』毎日新聞社)

ゼノさんの作った教会の椅子

彼らの自由な活動を阻止するものは気候風土の違いだけではなかった。他にもっと重要な暗雲がたちはだかっていたのである。それは、そのころ日本に次第にはびこってきた軍国主義、国粋主義の大きなうねりだったのである。外国の宗教であるキリスト教の布教は日本の中の国粋主義、ファシズムにとっては好ましくない対象であった。

例えば、一九三三年（昭和八年）の「奄美大島事件」（別に大島事件とも呼ぶ）は憲兵隊によるカトリック教会弾圧のさきがけとして起きた大きな事件であった。

国際連盟の軍縮委の目をぬすんで、連合艦隊の増強を進めていた大日本帝国は、奄美大島に巨大な軍港を密かにつくっていた。

その奄美大島には、カトリック教会が古くから栄え、外人神父たちが教会を守っていたのである。軍港の実態が諸外国に知られることを恐れた日本軍部は、外人神父の経営する教会の取り壊しを策したのです。これをきっかけとするかのように、弾圧厳しい世界大戦へとつき進んで行くのです。

こんな時代の背景であっても、長崎本河内に居を定めたポーランド人修道士たちは、マリア様の為にと布教活動になおも精を出していくのです。

一九三六年（昭和十一年）四月に十五歳の少年の身で、この本河内の修道院に新しく入団した人がいる。長崎の五島・久賀島の出身で本河内の修道院にいるフランシスコ中村修道士である。

私は五度目の長崎取材で、フランシスコ中村修道士が、コルベ神父の教えを受けた数少ない日本人修道士であることを知り、彼が十五歳の少年だった当時の、ポーランド人の一団について語ってもらった。

父親と叔父に連れられて本河内の『聖母の騎士修道院』を訪れたとき、中村少年は、カスリの着物にゲタばき姿だったという。

「受付の応対に出てきた人は、ヘンリー修道士でした。その後すぐにコルベ神父さんに会えました。そのとき、コルベ神父さんに愛撫されたんですが、ひげが痛くて痛くてしかたがなかったことをよく覚えています。

修道院の中は暗くて、顔色の違う異人さんばかりでしたから子供心に気味が悪かったし、全員がひげをはやしていたから恐ろしい感じがしました。夜全員がそろってテーブルに向かいあってお祈りをあげているときなんか、異様な感じがして五島の家に帰りたくなりましたね。

でも私は、初めての子供の修道士志願者だったので、皆、親切にしてくれました。父や母と別れて淋しいだろうと引き立ててくれました。

コルベ神父さんはやさしい人でした。私が印刷工場で鉛とインキの臭いにまけて少し気分が悪くて休んでいると、コルベ神父さんが『マリア』といいながら入ってきて、気分の悪い私を見つけ出して抱きかかえるようにしてベッドに連れて行ってくれました。

聖人という言葉がピッタリするような並々ならぬ人格者だという感じがしたものです」

中村少年がもっとも強烈な印象を受けたことは、神につかえて静かに祈りの日々だけをすごす静かな人々という予想をしていたのに反して、誰もが荒々しく男性的で激しい肉体労働者のようにたち働くことであった。

ポスポリタ（院長以下全員が集まって一日のうち一時間だけ共同作業をすること）のときなど、ポーランド人修道士たちは、ツルハシをふるい上げ、ダラダラと滝のような汗を流し土を掘り、ポーランド式モッコ（箱式のタンカーのような土運び）で、息をはずませ運んで行く。その姿は、あまりにも荒々しい光景だった。

「外人の修道士たちというのは、肉体労働なんかしないものだというふうに当時の長崎の信者たちは考えていましたからね。ところが、ゼノさんをはじめ全員が土方《どかた》（当時の呼称）のように働いているでしょ。本当におどろきました」

棟梁《とうりょう》格のゼノさんを先頭に、先を争って働く、このポーランド人修道士の一団のことは、いつしか長崎の信者たちの心を捉え、噂するところとなり、その姿に心うたれたのです。牛乳を持ってきたり、とりたての野菜などをとどける信者が次第に増えていったのです。

病をおして、神につかえる貧しき一団のリーダー、コルベ神父について、彼を直接診察した医師の記録があります。

戦後、『長崎の鐘』『この子を残して』などベストセラーとなった原爆体験記を書いた長崎医大の永井隆博士が、一九三五年（昭和十年）、本河内の修道院でコルベ神父に会ったときのことを書き残している。

「部屋といっても、人が二、三人やっと入れるくらいの粗末なバラックであった。十字架とマリア像と聖書と祈祷書《きとうしょ》と書類とペンと鉛筆のほかに、目ぼしい物は見当らないコルベ神父の部屋だった。

コルベ神父さまは、初対面の私を迎えて体じゅうが頬笑むような姿で両腕をひろげて差し伸べた。握ってみると大きな柔かい熱い手だった。私は、これは三十八度を越す熱があるなとびっくりして、『ご病気じゃありませんか』とたずねた。『ドクター、みて下さいますか』と神父さまが相変わらず頬笑みながらいった。

私は、聴診器をとり出して診察した。そして、あわてたように大声でいった。『これは大変です、神父さま。両方の肺が結核に侵されているようです。しかも重い。すぐに絶対安静をなさらなければなりません』神父さまはやっぱり微笑を浮かべながら、『ありがとう、ドクター、あなた名医です。なぜなら、ローマやポーランドやその他の国々で、有名なお医者にみてもらったときと全く同じ診断をいま、あなたがつけましたから……。アノネ十年前から、いつも同じですよ』と、静かにいった。

『えっ、十年前から?』私はそう叫んだきり、息をつめて神父さまを見た。頬笑んではおられるが、呼吸は楽ではなさそうだ。たったいま聴診器を通して知った肺の中の大中小さまざまな激しいラッセル音が耳にこびりついていた。……この重い肺病をもちながら世界中を走りまわって聖母の騎士運動を長い年月つづけているとは……」（「ほほえみ――M・コルベ神父の思い出」永井隆　昭和二十三年『カトリック新聞』）

西欧から渡ってきたキリスト教に長らく親しんできていた長崎の人々も、このポーランド人の一団の貧しくも激しい労働とその活動には、あきれながらも深く心をうたれていった。だがしかし、その市民ともこの一団は、切断されることになる。

世界大戦の暗雲がたちこめ、戦時体制が彼らを引き離したのである。

戦時体制下の異邦人たち

一九三〇年代に入ってから、イタリア、ドイツ、日本を中心にファシズムが急速に台頭し、国と国の利害はぶつかって、ついに第二次世界大戦をひき起こして行ったが、世界中が、戦争へ突入していくこの時期、コルベ神父とその一団―貧しき聖母の騎士の人々にとっての受難の時期であった。

一九三三年（昭和八年）の「奄美大島事件」ごろからその宗教活動はきびしく制限され、大日本帝国は天皇を一切の中心におくというファシズム国家体制が強化され、彼らの宗教活動は、きびしく制限されていった。

聖母マリアに仕《つか》え、布教の地長崎に根づいて六年目のこと、指導者コルベ神父に、本国ポーランドの管区長より帰国命令が届きます。

上司からの命令は絶対ですから、日本での布教はゼノさんたちに事後を託して長崎港を出航したのは、一九三六年（昭和十一年）五月二十六日のことです。

世界は戦争の時代へと転げ落ちていくのです。その翌年、日本は中国との間で戦争を始めます。そして、さらにその二年後、一九三九年（昭和十四年）九月、ドイツ軍がポーランドに侵入し第二次世界大戦が始まってしまいます。ドイツ・イタリアとの同盟国となっていた日本は、一九四一年（昭和十六年）十二月八日に米軍との戦争に突入してしまい、長崎のポーランド人は、幽閉状態に陥ります。

故国ポーランドからの資金の援助は断たれ、コルベ神父と入れかわりにポーランドからやってきた院長サムエル神父も、資金づくりのためにアメリカに渡ったきり、一九四一年（昭和十六年）十二月八日の太平洋戦争突入で再入国できなくなり、十数名のポーランド人修道士は、本河内の修道院に孤立するに至ってしまいます。帰国したコルベ神父の動行も不通となってしまいます。

江戸時代以来の受難の日々が再び来日宣教師たちにおおいかぶさってきたのです。

一九三八年（昭和十三年）三月の、大阪の憲兵隊特高課長の名で関西在住の全キリスト教指導者に対して出された「日本の国体とキリスト教信仰との関係について」という質問書は、昭和の踏絵事件として、キリスト教徒たちを弾圧するものとなったのです。

外国人宣教師たちに対する干渉はいちじるしく、戦況が悪化すると国内にも厭戦《えんせん》気運がわき出すことになり、外人神父は米英の手先ではないかと、スパイ視されるようになったのです。「クリスチャンは敵のスパイだ！」こんな声が戦争推進者たちの間からわき起こり、信者たちも次第に外人宣教師たちとの接触をさけるようになっていったのです。

ロンドンに本部をもつキリスト教「救世軍」の在日幹部たちは、米英のスパイ活動をしているとして調べられ、宗教界においても、天皇を中心とした神道が、すべての宗教活動の上部に君臨すると位置づけられ、新たにつくられた「宗教団体法」では戦争体制に協力する団体の一員とされたのです。

日本のキリスト教会の代表たちは、結局、戦争体制の中に組み込まれていき、一九四〇年（昭和十五年）十月には、自ら進んで「紀元二六〇〇年奉祝基督教信徒大会」を開催し、戦争推進派に組み込まれます。

長崎の『聖母の騎士修道院』に残っていたゼノさんたちポーランド人たちは、絶大な軍の監視下にあった。

一九四〇年（昭和十五年）十二月のことです。長崎県の特高刑事が突然修道院にやってきて通達だといって修道院の解散を命じてきたのです。ポーランド人は国に帰り、日本人の修道士、神学生は家に帰り、印刷機は売り、建物は政府が接収するという内容の通達が出されたのです。

来日以来十年、辛苦の限りをつくして切り開いた長崎本河内の修道院を追い出されるというので、ゼノさんをはじめ院長代理（院長はコルベ神父）だったミロハナ神父は県の特高課長の所に出かけました。

ミロハナ神父は、コルベ神父を中心に必死で創設したころからのいきさつを話し、閉院にだけはしないでほしいと懇願しました。自分たちは修道院から一歩も出ないこと、『聖母の騎士』誌は発刊しないことを提案して、修道院にとどまることを願いでました。貧しく熱心な修道士の一団のことは長崎では有名でした。やっとのことミロハナ神父らの懇願が通り、帰国せず修道院内にとどまることが許可されました。

布教活動の要《かなめ》でもあった印刷活動は中止した。『聖母の騎士社』の印刷機、折り機、鋳造機の一切は貨物列車で、東京の四谷にあったカトリック系出版社の統合会社となった『中央出版社』に送られた。荷造りはゼノさんの役だった。

『聖母の騎士』修道院に突然憲兵隊員が入ってきたのは、一九四一年（昭和十六年）十二月八日、大平洋戦争（当時は大東亜戦争といっていた）が始まった直後のことだった。彼らは部屋の隅々から、小さな箱の中まで調べあげ、ポーランド人神父、修道士全員を集めて、一人一人の顔写真を撮って帰って行った。三日後、再び上級の憲兵がやってきて、応接間に入ると院長代理のミロハナ神父を呼びつけた。

憲兵はいきなり天皇について質問をしてきたのです。

神学校では天皇陛下についてどう指導しているのかと語気するどく問いかけてきた。

ミロハナ神父は、くるものがきたと思い身がひきしまる思いでした。日本で殉教すると覚悟は決めて故国を離れたミロハナ神父だったが、いまこそ、その殉教のときがきたと思った。

「神の代理であられる陛下を私たちは尊敬し、服従しなければなりません。なぜならば、神はすべてであるけれども、地上においては、ご自身の権利をご自身の代理者たる人にゆずって、われわれがその権威に従うようにされているのです
——私たちは、生徒にそう教えます」

言い終わらないうちに、一人の憲兵が、テーブルを叩いて叫んだ。

「それがいけない！ それが悪いのだ！ 陛下は神の代理人ではない。神そのものである！ 陛下は天降った神であって、人間ではない！」

ミロハナ神父は、十一年前コルベ神父を慕って日本に来ることになったとき、司祭であった実兄に、強く反対された。しかしそのとき、「日本に行って殉教す

る覚悟です」と宣言し強引に日本に来たことを思い出した。憲兵の怒声を聞いたとき、〝いま、そのときがきたのだ〟と思った。そして彼はゆっくりと言葉をついだ。

「私たちは、真理に従うことが究極の使命です。もし、陛下が天からお降りになったということにあきらかな証明がありましたら、私たちは、直ちに信じます。それを教えて下さいませんか」

ミロハナ神父は眼を閉じ、衣の下に手を隠し小さなロザリオをにぎりしめながら、心の中で「アヴェマリア」「アヴェマリア」とくりかえした。それは、師、コルベ神父が、いつもする敬虔なる態度であった。すべてを聖母マリアに、ただマリアが命ずるままに身を捧げればいい……。

ガタッと椅子の動く音がし、憲兵が立ち上がる気配がした。見ると憲兵たちは、荒々しく扉に向かって歩き出していた。

「日本の学者は、ぜひこれを世界に証明せにゃならん！」

肩いからせながら扉を開け、憲兵は出て行った。

ミロハナ神父は、連行されずにすんだのだ。

一九四三年（昭和十八年）三月、修道院の中にあった小神学校は「外国人抑留所」として、軍に接収された。小神学校は、板塀で囲まれ、横浜や大阪から連行されてきた外人宣教師たちを抑留した。

「聖心会」のシスター十八名、「幼きイエズス会」のシスター八名、さらに「スルピス会」のプルダン神父、プロテスタントの牧師夫婦とその家族、オーストラリア人、アイルランド人、アメリカ人ら、計四十二名が収容された。銃剣を持った警備員が四六時中看視についていた。四十二名がおし込められた抑留所の食事は、警備員たち役人によるピンハネで、常に欠乏状態だった。

抑留所の隣側の建物に住んでいたポーランド人修道士たちは、栄養失調で苦しむ抑留者たちのために自分たちの食事をぬいて、看視の目を盗み塀越しに、そっと手渡してやったという。

修道院内にいた日本人修道士十名ほどと神学生二十名前後は、軍事徴用にとられ、長崎港の三菱造船などに通って行った。

カトリックに対する戦時中の特高警察の弾圧を調べていた私は、「昭和特高弾圧史」の中に『聖母の騎士修道院』に関する記録を見つけた。

昭和十八年三月分として次のような記述があったのだ。

《カトリック神学生に対する徴用解除処分、長崎市本河内町カトリック修道院内修道士竹山栄外六名は、昨年（昭和十七年）一月二十日軍事徴用に依り佐世保海軍工廠に就労せるも、何れも予て外人崇拝の観念強く（右修道院は波蘭人神父アントニオ・ミロハナ、外十数名の波蘭人経営す）、又基督教盲信の結果国体観念乏しきものにして、是等の人物の海軍工廠就労は防諜上相当注意を要するものありたる為、当時長崎県当局にありては佐世保鎮守府参謀長並に佐世保憲兵隊宛通報し置きたるが、海軍当局に於ては其の後審議の結果防諜的見地より之を解除することとし客月二十日付徴用を解除せり》

当時の特高警察にとっては、外国人の修道士が集団生活するというのは防諜上最大の関心事だった。特高は、修道院の内部生活を探ろうとニセ信者を送り込んだりした。しかし「公教要理」も知らないニセ信者は、ミロハナ神父らに見破られ追い帰された。修道院から一歩も出ることを許されなかったポーランドから来た修道士たちは、空襲にそなえて二百人も入れる大きな防空壕づくりなどをしていたが、しかし、戦争の悪化にともない修道院にとどまっていたポーランド人たちもついに激化する全土の空爆を避けるために強制的に他の抑留所へ移されることになった。一九四五年（昭和二十年）八月二日、ドナト神父以下、セルギュウス、マチア、ヘンリコ、ローマン各修道士らが阿蘇山の近く熊本県の栃ノ木の抑留所へ送られて行った。

このとき、院長のミロハナ神父は、責任者である自分が修道院を離れてしまうと、残された神学生や日本人修道士たちの統制がとれなくなる、無用の混乱をさけるために、自分一人は残るべきだと県知事に残留の許可を願い出た。これが八月二日の出発予定日の前日、許可され、代表であるミロハナ神父は、修道院にとどまることになった。

ところが、このとき不思議なことが起こった、残留許可にもう一名、ポーランド人ゼノさんの名前が入っていたのである。

私は、外人宣教師たちがもっとも厳しく看視されていた時期のゼノさんについて、中村修道士に聞いてみた。

中村さんは、ゼノさんの話になるとニコニコ顔になって語るのだった。

「ゼノさんですか、ゼノさんだけは例外でした。

ゼノさんに対しては抑留所の警備員たちもていねいでしたね。戦争が激しくなるにしたがって、私たちポーランド人と一緒に生活している者たちはそれだけで白い目で見られるようになりましてね、スパイの危険があるというような目で見られていましたからね。

そのころは、ポーランド人修道士たちは外出することができませんでしたから、かわりに日本人である私たちが街に出て買物や用事をするんですが、そんなとき、わざと私たちに聞こえるように『オイ、刑事がついているゾ』なんていかにも危険人物だというように声をかけあったりするんです。子供たちは、ヤソ、ヤソといったり、『十文字』とか『アーメン、ソーメン、ヒヤソーメン』なんていってからかいました。

本河内《ほんごうち》という所はとくに仏教が根づよい所でしたからね、でも、ゼノさんだけは別でした。外出しちゃいけないのに、ときどきは街に出ていましたからね」

外人修道士と接触する機会があるというだけでスパイ視される時局に、当の外人修道士が外出の禁を破って街に出かけていたという事実。私は、それにしてもどうしてゼノさんだけがそんなことができたのか不思議だった。中村さんは、苦笑しながら、ゼノさんだけはできたんだと念を押した。「日本人より安心だよ」と特高刑事たちから保証されていたというのです。

物資が日に日に欠乏していき、買いたくても物自体が店頭になく、皆が困りはてていた。そんなとき、機知に富み何でも屋のゼノさんは大活躍していたのです。机や椅子をつくる。セメントをこねて石段もつくる。鳴らなくなったオルガンの修繕。中でも、ポーランドで兄と始めたことのある靴屋時代に習いおぼえた靴の修繕は大いに役立ったのです。

抑留所につめていた警官の一人が、ある日、修道院の受付の玄関口でトントントンと靴の修繕をしているゼノさんの姿をみとめて、自分の靴も修繕して欲しいと頼んだ。配給の靴がなかなか手に入らなくなって警察官たちも、靴をすり減らして困っていた。手ぎわよく修繕するゼノさんを見て声をかけたのだ。

「ドウゾ、モッテキテクダサイ、イクラデモナオシマス」

見ばえはけっしてよくないのだが実に丈夫に修繕するゼノさんの靴修繕、たちまち警察官たちの話題となり、次から次へとゼノさんに靴修繕の依頼がきた。

ゼノさんは修繕を無料でやっていたが、ゼノさんにはゼノさんの計算があってのことだった。かかえきれぬほど靴を持ってきた看視役の警察官に、ゼノさんはいった。

「靴の床ナオス皮、モウアリマセン、ワタシ買ッテキマス」

自分たちの靴をなおすのにわざわざいい皮屋を見つけに街に出て行ってくれる。——警察官は、おやすいこととゼノさんの外出を許可するのだ。やれこんどは竹の釘がなくなったからとか、あれもない、これもないといろいろ口実をつけ、ゼノさんはたびたび街に出て行ったのです。

街に出て空襲にでも遭えば、ゼノさんは、わざと看視役の警察署の中に逃げ込む。顔見知りの警察官は苦笑しながらも靴修繕のお礼をいうはめになるのです。事情を知らぬ他の警察官は、外人を見て目を白黒させている。

するとゼノさんは、信者のところに届けようと持っていた牛乳を皆の前にドンとおいて、今は空襲で持って行けなくなったから全員で飲んでくれと差し出したりする。めったに飲めない牛乳を口にした全署員の人気を一身に集めるということになる、これはゼノさんがちゃんと計算した作戦でもあったのです。

「ゼノさんは日本人より安心だ！」という信頼をこんなふうにして得ていたのだ。

ゼノさんは、このときとばかり浦上あたりの信者の家を廻って歩きました。「ポーランド人たちは全員国に帰った」と知らされていた信者たちは、突然の青い目のゼノさんの出現に驚き、外部との接触をたたれて窮乏生活をしている修道院の人々のために、信者たちは、ゼノさんがかかえきれなくなるほどの野菜や豆類などを手渡すのです。このゼノさんの食糧確保作戦は、修道院の人々にとって救いの神だったのです。しかし、本国や米国からの資金援助を断ちきられていた修道院の人々は、生きるために必死になって食糧を確保しなければならない状態でした。

一九四三年（昭和十八年）、長崎県農業会技手だった田川弘氏は、ゼノさんに修道院の食糧確保に農業指導をしてくれるように求められたという。

「あれは、二月ごろだったと思います。私が長崎市の農業会に駐在し、農村の第一線指導者として食糧指導に励んでいたころのことですが、ゼノ神父さんが私を訪ねてこられましてね、荒地を開墾して、一坪の土地でも耕して食糧を確保したい、そのために種子、肥料はもちろん、指導もたのみたいと依頼されたんです。たどたどしい日本語でしたが、その崇高な人柄と温情溢れる言葉にはほのぼのと心の温まる思いでした。そのころは、戦争のせいでしょう、みんな神経が高ぶってとげとげしい世の中でしたから、いつもまっ先に立って自分で汗と泥にまみれながら懸命に鍬をふるっているゼノ神父さんの姿を実に尊く思ったものです。いつもニコニコと温かい顔で人々を心からねぎらう情の深い様子には本当に心うたれたものでした。しかし、私の上司は、あまりゼノ神父さんに近よってはいけないと忠告しました。

というのは、ゼノ神父さんにはスパイの嫌疑がかかっており、官憲の追及が激しくなっているからだというのです。私は絶対といっていいほど、ゼノ神父さんの人柄に魅せられていますから、まさか……まさか……どうしてそんなバカなと思ったものです。当時は外国人といえば滅多に見れないし、ときたま外人部隊の捕虜を見るだけのことでしたから、外国人イコールスパイと思っていたんです。

しかし、あの時代にあって、私の生涯に忘れることのできない印象を与えてくれたのが、あのゼノ神父さんでした」

当時二十一歳だったという田川氏は、戦争ですっかり心まで曲ってしまう人間社会と対極にあるかのようなゼノさんの姿に深く感銘したという。

すべての外国人が憲兵隊の監視下にあり、抑留生活を強制されていたとき、ひとり青い目の外人――ゼノさんだけは、なおも「自由」に歩き廻っていたのです。これがゼノさん流の「愛ある抵抗《レジスタンス》」であった。

一九四五年八月九日 長崎の原爆被災とゼノさん

一九四五年（昭和二十年）の八月という月は、長崎本河内の修道院の人々にとって、創設以来もっとも目まぐるしい「激動の日々」となった。

八月二日に、ミロハナ神父とゼノ修道士を残してすべてのポーランド人が、熊本県栃ノ木の抑留所に連行されたが、その一週間後、広島（六日）に次いで長崎（九日）にも原爆が投下され、一瞬のうちに十数万人が死傷するという大惨事が起きた。そして、その六日後、神州不滅と豪語していた日本帝国はついにポツダム宣言を受け入れ無条件降伏した。茫然自失する敗戦国民の悲劇を目前にした、ポーランド人修道士たちの、もっとも多忙な救援時代が始まったのである。

八月九日。長崎はこの日朝から何度かの空襲警報があり、修道院にいたミロハナ神父やゼノさんをはじめ日本人修道士や神学生たちは、そのサイレンが鳴るたびに、防空壕へと避難をくりかえしていた。しかし、午前十時すぎると、九州管区から敵機はすべて脱け出し、警報が全面解除され、人々はそれぞれの持ち場へと急いでいた。

空襲警報が解除になると、修道院に入って約十年、すっかりたくましい青年に成長したフランシスコ中村修道士は、修道院のすぐ下にある民家で自転車を借り、坂道を下って市街地へと向かった。袋町の市公会堂に分散していた市役所の配給課へ豆のしぼりかすの配給を受け取るため、修道院の通帳を持って出かけたのだ。すでに十人ほどが窓口に行列をつくって順番を待っていた。

一方修道院の中では、院長のミロハナ神父の指導の下、神学生たちが図書室に集まって、連日の空襲にそなえ、図書や資料類を防空壕へ運び入れる作業をしていた。

ゼノさんは一人で作業用具などが収納されている物置小屋の中で、調子が悪くなった石臼台の修理をしていた。食堂の方には、午後から三菱造船所の徴用に行くのだという五人の神学生が、早めの昼食を食べようとテーブルについたところだった。

そのときである。B29爆撃機ボックスカー号が、長崎造船所を目がけて一万メートル上空から、原子爆弾を投下した。午前十一時二分、キリシタン信仰の地浦上の上空約四百九十メートルで炸裂。浦上を中心に半径一キロメートル圏内の家屋は全滅、半径四キロメートルにわたって生き地獄となったのである。

ちょうど、浦上天主堂でゆるしの秘跡を受けていた二十数人の信者と二人の神父は閃光を浴びて一瞬のうちに蒸発してしまった。徳川時代のキリシタン弾圧や、明治維新政府による一村総流罪に遭いながらも信仰を守りぬいてきた浦上カトリック信者一万四百人が、今度は、米軍による原子爆弾という爆殺を受けたのである。

原爆炸裂地点から四キロの先、一つ山を越した本河内の修道院も閃光と同時に爆発のショックを受けた。

物置小屋で一人石臼台の修理をしていたゼノさんは、釘と金槌を持ったままつくりかけていた箱の中に頭をつっこんで、一瞬気絶した。地響をあげてゆれる図書室では皆が机の下に逃げ込んで、倒れる本棚から身を守っていた。屋根瓦が地面に落ちて砕け、窓ガラスがガチャンガチャンとあっちこっちで割れ、食堂のテーブルについていた徴用神学生の食器の中にはコナゴナになったガラスの破片が飛び込んだ。

「ふせろ！」

市役所で食糧配給を受けていたフランシスコ中村修道士は、窓が破れ書類がまい上がる爆風の中、身をかがめて机のすみに折りかさなった。

「いまのうちに逃げろ！山のほうへ逃げろ！」

役人が大声で叫んだ。建物から外にころげ出てみると、顔や腕、背中などを黒こげにした男や女が茫然と何事が起こったのかと巨大な黒煙をあげる暗い空を見上げていた。

「逃げろ！早く山に逃げろ！」

誰かが怒鳴っていた。借りてきた自転車をかかえ、たれさがった電線や石、瓦で足のふみ場もなくなった道をはうようにして山の方へ、山の方へと逃げた。見上げると、空に向かって煙がモクモクと立ち込め、大浦天主堂の空は真暗になっていた。

一方、本河内の修道院では、難をのがれた全員が防空壕に集まってきた。一瞬気絶したゼノさんも、ゼノ、ゼノと呼ぶ声に気がついて小屋からはい出てきて無事防空壕前にたどりついていた。修道院の全員は、幸にも負傷者もなく無事だった。

山を一つへだてた浦上の方では、ものすごい黒煙が天に向かって立ちのぼり、きのこ雲ができていた。そこは地獄絵の世界だったのである。

街で被爆したフランシスコ中村修道士が歪んだ自転車をかかえ、あえぎあえぎもどってきたのはもう夕刻だった。散乱するガラスの破片や屋根瓦をかたづけているだけでいつしか夕刻になったが、時がたつにつれ、街で被爆した人々が本河内の山の方に次々と避難してきた。持てるだけの荷物を背負ったりかかえたりしている人、何一つ持たずフラフラしながら坂をのぼってくる人、ケガをしている人が何人もいた。

修道院はこれらの被災者で満員となり、応接間や図書室は、野戦病院のようだった。

ゼノさんやミロハナ神父に指示された神学生たちが、仮のベッドをつくってケガ人の看病にあたる。どうも広島と同じ原子爆弾らしい、落ちたのは信者の多い浦上の方らしいことなどが次第にわかってきた。

爆心地が信者の多い浦上だとわかって、その地区の出身の多い神学生や修道士たちがミロハナ院長に家の様子を見に行きたいと願い出たが、広島と同じ爆弾なら毒ガスで死ぬからと院長は帰宅願いを許可しなかった。

三日三晩、ボンボンと不気味な小爆発をくりかえし、長崎の街は夜空をこがして焼けつづけた。

徴用に行こうとしていて食堂で被爆した神学生の一人、山下勇吉氏（当時十六歳）は、三日目にようやく下火になったところで、近づくミサ聖祭用の種なしパンを手に入れるため、院長に命じられて初めて市街地に行くことになった。

三つある山の峠を越えて長崎の市街地へ向かった山下少年は、途中の山道で何人もの被爆者とすれちがった。道ばたに身を横たえ、誰もかれもが息たえだえで、口もきけない様子だった。フラフラと歩いては崩れるようにすわり込み、また立ち上って歩き出す。この世の光景だとは思えない怖い道のりで、途中ですれちがった何人かのケガ人が帰りには死んでいたりした。

山下少年は、北部長崎市街が見える峠のいただきで「アッ」と声をのんだ。家という家が吹き飛び、一面の焼け野原になっているではないか。東洋一を誇った浦上天主堂は廃墟と化し、聖人たちの石像は首のところから吹き飛んで、無惨に砕け散っていた。地獄とは、おそらくこういう光景だろうか、黒こげになった焼死体がまだあっちこっちでくすぶっていて異臭をはなち、応急処置を受けるケガ人が、一ヵ所に集められ横たわっている。

山下少年は連れの修道士とともに修道院へもどると、途中で見たさまざまな光景を皆に話した。皆は、ロザリオをにぎりしめ、その恐ろしい報告に聞き入ったという。

「ゼノさんは原爆が落ちてから、八月十五日の敗戦の日まで修道院から出ていないのじゃなかったかな。院長がとめていましたからね」

この恐るべき戦争の惨禍をゼノさんはどう受けとめたのだろう。おそらく、連日マリア様に手を合わせながら、幾百回と祈りを捧げ、信徒たちの頭上に落ちたという現実を目のあたりにしてその悲惨な人々のために祈りつづけていたのである。

八月十五日。日本はようやく敗戦を認め長い戦争は終わった。しかし、この祈りにあけくれる本河内の修道院の人々は、その日正午から天皇の玉音放送があることを知らず、日本が負けたことを知らないでいた。彼らの関心は、その日が聖母マリア被昇天の大祝日であることに向けられており、朝から防空壕の中に安置された聖母像と御聖櫃《せいひつ》に向かって、ミロハナ神父とゼノ修道士を中心に厳《おごそ》かにミサがあげられていたのである。

スパイ容疑になるからという理由で、唯一の外部の情報を得るラジオは没収されていたので、敗戦のニュースは知らないままだった。しかし、抑留所につめている警備隊の様子がいつになく様子が変だと気づいた修道士たちは、やがて日本が敗けたことを知る。

「ああ、これで栃ノ木に抑留されていたドナト神父様たち兄弟《フラテル》が皆帰ってくる」

院内に喜びの明るい空気がパッとひろがったのは夕刻のことだった。「ゼノさん、戦争終わったよ、よかったね」複雑な思いにかられながらも、日本人修道士が声をかけると、いつも決して微笑を忘れぬゼノさんがその顔をいっそう明るくして「ヨカッタネ」と大声を上げていた。

三日後、熊本の栃ノ木に抑留されていた兄弟たちが修道院に帰ってきた。思いがけず二週間だけの抑留生活で帰院できた喜びが修道院をつつんだ。

だが、あまりにも大きな犠牲をはらって訪れた平和である。茫然自失し立ちつくす日本人の不安な様子を目の前にしては、解放された自分たちの身を大げさには喜べなかった。いや、喜んでいるヒマがなかったというのが正しいかもしれない。

徴用動員にかり出されていた神学生や若い日本人修道士たちが次々にもどってきたし、新たに修道士になりたいと希望する信者も増え、後遺症患者の世話やら修道院は開設以来の忙しさとなったのだ。

神州不滅といわれていた日本が敗けたとなると、一夜にして貧しきポーランド人の一団は、〝愛の使徒〟だと持ち上げられることになり、そのために予想だにしなかった仕事が山のようにふえたのである。

　戦時中は敵国人として軟禁されスパイ呼ばわりされていた彼らが、急に人気を得ることになったのは、修道院に〝支援物資〟が集中するようになったからである。真に信仰を求めてくる日本人の応対に忙しいというよりは、むしろ、修道院に集中するようになった連合国側の援助物資を目当てにくる日本人の応対に忙しくなったのだ。

　長崎に米軍が上陸してきたのは九月になってからだったが、外国人の抑留所になっていた修道院の庭めがけてパラシュートによる救援物資が次々に投下されたのである。さらに、九月二十一、二日両日にわたって長崎に上陸した連合軍の大部隊は、いち早く外国人抑留所となっていた修道院を訪ね、救援物資を続々と運び込んだのである。

　十月になって故国に帰ることになった米英の外国人捕虜や抑留者たちが各地から長崎に集まってきた。これらの人々に新たに支給された物資のほとんどは、帰国に際して、『聖母の騎士修道院』に寄付された。衣類、缶詰などが、修道院の校舎に未整理のまま うず高く積みあげられ、建物の中には入りきらず雨ざらしになっているほどだった。

この修道院に山積みされた物資をねらって、夜な夜な盗人が出た。困った修道院では、長崎の被災者に配給してしまおうと、市役所から名簿をもらって（市役所も焼けていたので名簿作成するのにも苦労だった）各団体を通して配給した。

配給した中には米軍の軍服までふくまれており、そのまま配ってしまったので、米軍のＭＰから苦情が出た。大急ぎで回収し色を染め直してまた配給したりした。

かつて、最も貧しい本河内の聖母の騎士修道院が、もっとも豊かな物質を山のように持つ修道院となったのである。修道院の名はパッとひろがり、あそこへ行けばなんとかなる、何かもらえる……噂がひろまり、外地から故国日本にたどりついた引揚者たちまでが、修道院にやって来た。

あれほど、戦時中は白眼視されていた、貧しきポーランド人の一団が、一夜にして大いなるもてようである。

活気をていする修道院の内外で、誰よりいっそう忙しい人物、それがゼノさんだった。交渉係の名人として、山積する難問を、ゼノ流交渉術といったものを駆使しながら次々に解決していく。ゼノさんが超人となって働く時代が訪れたのである。

第2章　戦災孤児救済に走る

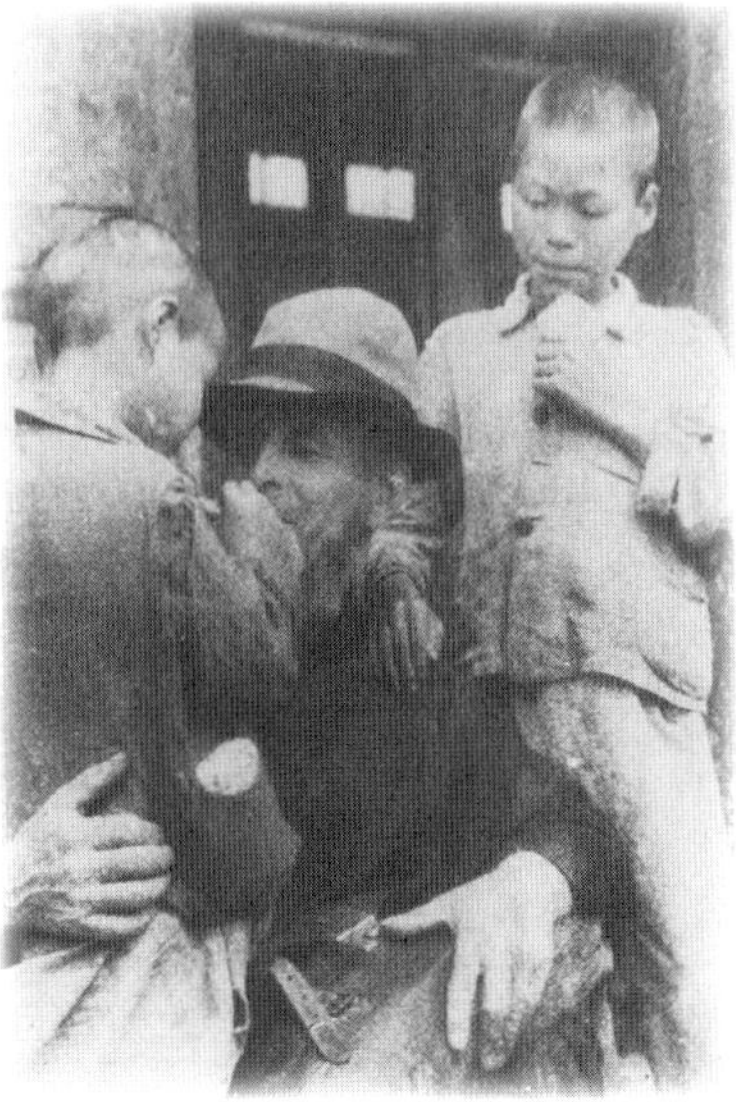

『聖母の騎士園』開設

まず、一九四五年（昭和二十年）八月以降の日本の現実を追っていく一つの方法として十二月二十四日付『西日本新聞』の記事をここにあげてみたい。

《戦争の置土産として全国に夥《おびただ》しい数の孤児がいる。東京の上野公園には約千人、佐世保でも、鹿児島でも、下関にも、北九州にもこの戦災孤児たちは食を求めてうろついている。それは飢えた大衆の雛型だ、博多駅の三等待合室に約二十人の戦災孤児が生活している。一番小さくて元気のいい子をつかまえて訊く。裾を引きずる長い着物に素足、缶詰の空缶と片手に竹ぎれを持って待合室を駆け廻って遊んでいる。「名前をいってごらん」鼻汁をすすりながら「後藤ひろし、ハッ」となかなか元気がいい。「八幡からきた父ちゃんも母ちゃんも爆撃で死んだ。汽車に乗ってきた、ただで乗ってきた、ずんさ（巡査）がついてきた」大きな声でいってにこにこ笑う。「おじさんやおばさんがご飯をくれるかい？」「うん、くれる」ぼろぼろの国民服を着た子に物をいいかけるとけげんそうに眼を瞠《みは》るだけで返事をしない。横合いから素肌に学生服一枚のが「おじさん唖《おし》、唖」と注意した。「ああ唖か」「なあ、お前は唖だなア」とかばうように肩を抱いてやる。
その子は、「俺も八幡からきた、水口行男、十四だ、八月十二日の爆撃で母ちゃんも父ちゃんも死んだ」神戸の港からきたという江口正男君（十一歳）が「おい、肉の配給だ」と博君を引っ張って行く、空缶にいっぱい缶詰の牛肉を貰ってきた。「誰からもらった?」「おばさんだ」彼らの間にも相互扶助的な仁義があって食べる、乞食のおばさんにいつも食べ物をわけてやるからきょうは牛肉をもらったのだそうな。やはり子供で腹さえくちければ朗らかにはね廻っているが握り飯の分け合いで掴み合いの喧嘩もやる——》
このような戦災孤児を記録した新聞記事は、この時期（昭和二十年敗戦直後）にはまだ非常に少ない。彼らの姿が、街角にめだつようになるのは、もっと後になってからである。しかし戦後まっ先に切り捨てられたのは、この生きてゆく手段を持ち得ない、戦災で親や家をなくした多くの子供たちだったのだ。
新しい支配者、連合軍総司令官マッカーサーは、占領政策を次のようにいっていた。

「まず軍事力を粉砕する。次いで戦争犯罪者を処罰し、代議制に基づく政治形態を築きあげる。憲法を近代化する。自由選挙を行い、婦人に参政権を与える。政治犯を釈放し、農民を解放する。自由な労働運動を育てあげ、自由経済を促進し、警察による弾圧を廃止する。自由で責任ある新聞を育てる。教育を自由化し、政治的権力の集中排除を進める。そして宗教と国家を分離する」

このような占領政策にそってうまく時代の波に乗ることができる大人たちはいいが、生活の手段を持たぬ転換能力なき子供たちは、なすすべもなく旧国家体制の崩壊にともなって放置されたままで、生きようもない状態だった。

これまで一億玉砕、聖戦完遂を叫んでいた哲学者や教師たち（社会のリーダーたち）が、手のひらを返すように民主主義を口にするようになっていたが、教えられてきた側の子供たちにはそれができなかった。運命共同体としての戦争遂行体制が確立している戦時中は、たとえ家屋を焼失しても、飢えて死ぬことはなかった。隣組の組織があり相互に助け合っていたからである。

だが、戦後は隣組も崩壊し、役所はまるで行政力を持たなくなってしまっていた。こうした敗戦後の民衆の真の姿をいまに伝える記録は決して多くはない。数ある戦争体験記などと比べて、右往左往する戦後混乱期の民衆を活写したものはきわめて少ないのだ。当時の実態を知りたいがために私は新聞記事を読みあさったが、国家体制の変貌を伝える大ニュースの片すみに、おそろしい餓死者の記事を発見して驚ろくばかりだった。

敗戦の年の十一月十八日付『朝日新聞』は、全国で進行している餓死者のニュースを伝えていた。そのいくつかをここで再録してみよう。

【横浜発】《(横浜市の餓死者は九月頃までは一日平均二名だったが十一月に入ってから三名平均に増加している。この死亡者は大部分がルンペン風のものだが、戦災で身内を失い、困窮の結果の餓死というものもある……。最近の貧窮者収容所には、一ヵ月五名位の割で入ってくるが、その翌日コロリと死ぬものが多いという。

こうした状況はルンペンがまず餓死、その次に大衆的な栄養失調による死の行進が始まる前提ではないか、市医師会では最近の病人は適当な投薬をしていても、どんどん悪化したり死亡して行くという)》

【名古屋発】《(敗戦以来市役所が仮埋葬した餓死者は、十四日迄に七十二名に上った。最近は名古屋駅附近だけでも毎日のように二、三名ずつが行き倒れている。また餓死一歩手前の栄養失調患者で、市役所東山寮に収容されたもの百三十名、うち五十七名が引きとられ間もなく死亡し、……特に疎開先から名古屋へ引き揚げてきたが『住所不定』のため〝配給〟ももらえず寝る家もないといった悪条件が彼らを死に追い込んでいる場合が多い。

夜は駅の構内や、神社、寺院、焼崩れた工場の隅などに寝て、昼は乞食、かっぱらいなどを働いている浮浪者も次第に増え、すでに一万人内外に上るものと推定される。……》

疎開先から帰ってきて、親戚などの知人を捜しあぐねているうちに、「住所不定」ゆえに配給がもらえなくて飢えて死んで行く人々を、当時は〝浮浪者〟という名で呼んでいた。その意味でなら浮浪者は、敗戦国民全員の姿ではなかったろうか。

戦争末期には、米の配給は、大豆、トウモロコシ、コウリャン、さつま芋で代替されていて、お米はめったに口にすることができなかったという。敗戦後はその代用食も〝配給券〟が焼け出されて手元にないために、食べものが口に入らず、人々は死んでいった。

大阪をはじめ京都、神戸も例外ではなかった。

【大阪発】《大阪警察局調査によると、本年八月以降大阪市内の餓死者の状況は、次の通りで次第に増加の一途を辿っている。八月六十名、九月六十七名、十月六十九名で、うち男百五十名、女四十六名、男子の餓死者が圧倒的に多い。今月十五日現在で、大阪駅附近だけでもすでに四十二名の餓死者という驚くべき数字だ。……大阪駅前広場をはじめ、天六、鶴橋駅、野田阪神、天王寺駅、飛田遊廓附近、難波駅から広田町などの浮浪者群を合わせるとざっと一万名になろう、しかも約半分は復員軍人であるという事実を注意せねばならぬ》

【京都発】《戦災に遭わなかった京都には各都市から流れ込む戦災浮浪者が日増しに殖えて五百名を超え、多くは京都駅を中心に、旅行客の食糧目当てのかっ払いや弁当せびりなどで命をつないでいる。戦時中平均一ヵ月十名の行路病者は九月十三名、十月は四十四名と敗戦以来三百名以上に上っている》

【神戸発】《敗戦後市内の餓死者は百三十五名、女十三名。現在の浮浪者数は百六十五名で、浮浪者たちは、三ノ宮や神戸駅附近にごろごろして、駅待合室で乗客の捨てた密柑や柿の皮又は、駅構内食堂の残飯をひろったり闇市の残り物でその日をすごし、夜はガード下や駅で寝ている》

引揚者が南方や中国大陸などからドッと帰ってきたが、その上陸地となったのは、九州の門司や佐世保などだった。やっとたどりついた故国で死をむかえる人も多かった。

【福岡発】《比島、ダバオから引き揚げてきた沖縄県民二千三百名が着る物もなく、迫りくる寒さに震え、ただ一枚の毛布に身を包み、極度の栄養失調に、歩くこともできない状態で、国民学校の講堂の板の上に呻吟《しんぎん》している彼らのうち、福岡到着後一週間で百余人が死んだ……》

首都東京もまたその例外ではなかった。当時はまだ帝都と呼んでいたが、上野に集中した死者の数は日を追って増えていた。

【帝都東京発】《上野駅で処理された浮浪者の餓死体は、多いときは日に六人を数え、先月の平均は一日二～五人であった。終戦以来下谷《したや》区役所で扱ったものだけでも、六十人を突破している。現在この種の餓死者は、所轄署と区役所だけで処理しているので、全体の統計は出ていないが、四谷、愛宕両署でも悪天候が続いたころは、毎月一人から三人の行き倒れがあったから全部ではかなりの数に達するだろう。また水上署をはじめ、河川沿岸の各署で取り扱う水死人も日に一件は必ずあり、その大部分が浮浪者や老人と認定されている》

こうして、放置されて死を待つ人々の実際の数は、ほとんど役に立たなくなっていた行政当局の実態把握能力外にあり、ここに取り上げ得なかった人々も相当あったのだと考えられる。

そして、戦後海外から引き揚げてきた人々、六百四十万人がこれに加わり、食糧難は、その極に達していた。弱い者たちが次々と死んでいったのである。

人が人を殺し合うおろかしい戦争は、その後になおも飢えを人々に強制していたが、この混乱する戦後の巷で野良犬のように生きなければならなかった戦災孤児らに救いの手を差し伸べるポーランド人がいた。ゼノ・ゼブロフスキー修道士である。

長崎本河内にある『聖母の騎士修道院』の一修道士として日本の戦後を迎えたゼノさんの孤児救済活動は、一九四六年（昭和二十一年）一月六日に修道院に連れてこられた二人の孤児を引き取ることによって始まるのだった。

長崎本河内に「戦災孤児施設」を開設
ゼノ修道士（左端）、ミロハナ神父（右端）

一九四六年一月六日の午後、長崎本河内の『聖母の騎士修道院』の玄関に山伏姿の老僧が、長崎市小川町の防空壕にいた戦災孤児の手を引いて立っていた。そのとき、手を引かれて玄関口に立っていたみすぼらしい二人の少年が三十三年前の森田厳さん等《ひとし》さん兄弟の姿だった。

　この二人を修道院が引き取ることになり、戦災孤児収容施設『聖母の騎士園』はスタートしたのである。

　私は、ゼノさんが練馬の修道院で一人淋しく横臥する身だと知って、ゆかりの戦災孤児を捜し出して、ゼノさんと対面させようと動き廻ったわけだが、やっとの思いで捜しあてた森田さん兄弟は、快く私のインタビューに応じてくれたのである。

　長崎から車で一時間ほどの漁港に住んでいた森田厳さん一家は、新築のマイホームで幸せな毎日を送っていた。私は角力灘《すもうなだ》を一望できる森田さん宅の居室で、山伏姿の老僧に手を引かれて、修道院に行くことになった三十余年前のいきさつを聞いた。

「私の一家は、長崎市の稲佐に住んでいたんですが、家は原爆で焼けてしまい防空壕だけが残ってました。

　両親は原爆で死に、六人いた姉兄のうち兄たちは戦死し、二番目の姉は病死して、残ったのは長女と私と等《ひとし》の三人でした。

私はそのころ小学校六年生で、弟は四歳でした。姉はうんと歳が離れていましたが原爆のショックで重い精神病にかかっていまして、あまりテキパキと僕らのことはめんどうみれなかったんです。それでもどこからか野菜などをもってきて食事をつくってくれました。

原爆のときは、私と等は島原の遠い親戚をたよって疎開していましたから助かったんです。あれは八月の二十日ごろだったと思うんですが戦争が終わって生き残った姉が私たちを迎えにきてくれて、長崎の稲佐へもどってきたんです。

放射能のことなんか何も知らないから、稲佐《いなさ》の防空壕の中で三人で暮していたんです。今だに「被爆手帖」をもらってないいんですが、私も弟の等ももらう資格はあるんです。

しばらくは防空壕で暮していたんですが、小さい防空壕だったし、上が崩れてきたりして住めなくなったので、小川町の公園にできていた頑丈な防空壕へ移ったんです。

そこで山伏の坊さんと知り合ったんです。十一月ごろだったと思うけど、私が裸同然の格好をして弟のためにごはんをつくっているときでした。気の毒な子供だと思ったんでしょう、お金を置いていったり、野菜を持ってきてくれたりして、私たちの住んでいた防空壕へチョイチョイ顔を出すようになったんです。

六十歳くらいの坊さんで、いつも箱を背にしょって数珠と杖を持ってたね。何か絵を書いてほうぼう廻っている人だったですね。私たち二人が『聖母の騎士園』に行くことになったのは、たぶん、坊さんとゼノさんが以前からの知り合いで、それで修道院へ行くようになったんじゃないかな。

正月になって、姉と坊さんに連れられて『聖母の騎士修道院』へ行ったんです。姉とはそこで別れて、私たち二人は園の子として引き取られたんです。姉は病気でしたから僕らを育てる力がなかったんだと思います。うんと大きくなってから姉にはちょっと会ったことがあるだけで、生き別れの状態でした。

私は半ズボンに黒の上着を着ていたと思うけど、防空壕はすごく寒くてね、毎日ふるえていたんです。修道院にはその日ゼノさんはいませんでした。応対に出たのは、修道士のフランシスコさんでした。

まず食事が出て、アルミの食器に麦ご飯と汁が出て中にはジャガイモが入っていました。おいしかったですね。いまでもそのときの味忘れませんよ。修道院に入ることになったとわかったとき、『助かった！』と思いましたね。あっ、これで誰か私らのことを世話してくれるんだな！と思いましたよ」

こうして、長崎本河内の修道院の中に戦災孤児が収容されることになったのである。

なんの準備もなく、予算も設備もないまま、ポーランド人修道士たちは、可哀相な子供たちを引き取り世話をし始めたのである。市民たちの間に、「愛の使徒」として有名になっていたこの『聖母の騎士修道院』が、今度は戦災孤児を世話するというので、それを聞きつけた警察や市の関係者らが次々に子供たちを連れてくるようになった。

まるでお客さまでも迎えるように歓迎する修道士たちは、自分たちの役割が大きいといって神に感謝していた。そして、連れてこられた子供たちを引き受けるだけではなく、今度は自分たちから進んで街をさまよう子供たちを捜しに出て行ったのである。

一月六日を機にいち早く戦災孤児救済に乗り出した『聖母の騎士修道院』について、コルベ神父の肺病の状態を診察して驚いた医師、永井隆博士が、『この子を残して』の中で記述している。

「……もともと清貧をむねとする修道院のこととて部屋にせよ、食糧にせよ、余裕のあるはずなく、予算はまったくなかった。けれども修道士たちは無計画に孤児を引き入れた。

修道士たちは部屋をあけ、物置の片すみなどに移った。断食をして余ったパンを孤児の食糧にあてた。会計は聖母マリアに委任した。

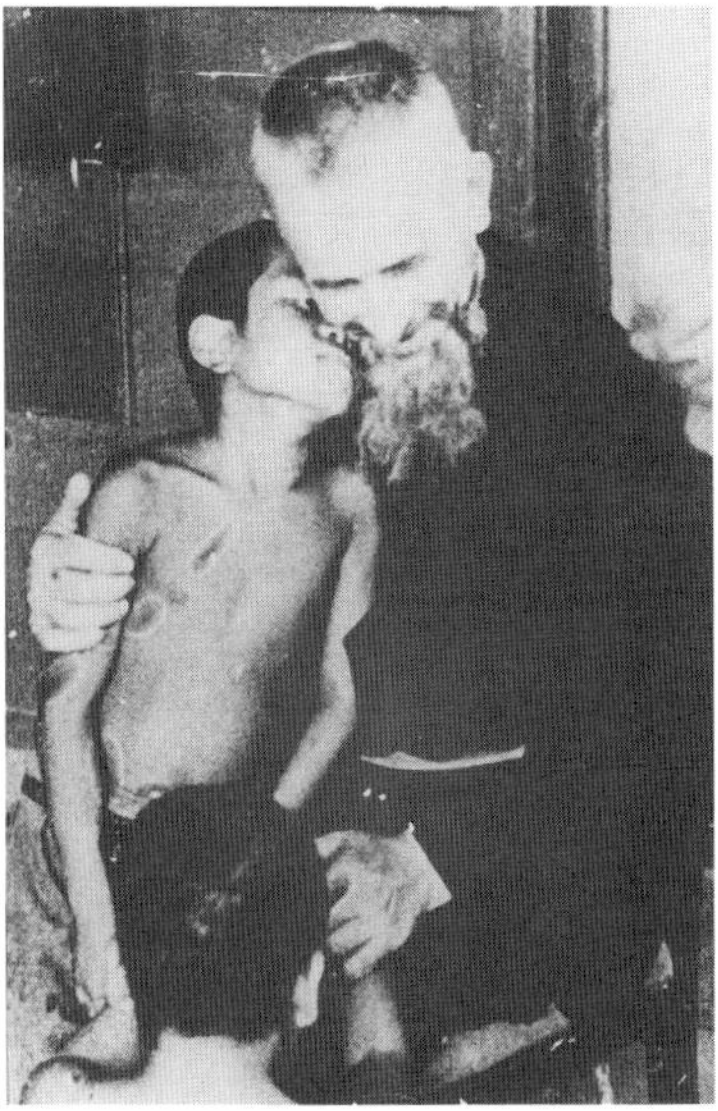

戦災で両親を失った子供たちと

たまたま私は、そのころ敗戦後の自己のあり方を見極めるため、その修道院にこもっていた。原子爆弾によって一切を失ったが、イエスキリストの『天地は過ぎし。されど我言は過ぎさりし』の一言に光明を見出し、その永遠の言葉を聞こうとして、ここに参っていたのであった。

同じ境遇の田川君、深堀君もこもっていた。三人はよく一室に集まり、大いに想を練ったものである。……ポーランド人の修道士は日本の事情にうといところがあるので、孤児園の運営について、そこにきている私たち三人によく意見を求めた。私たちは大いに研究し、かつ実際に当たってみた。

……深堀君はとうとう孤児への愛着に動かされ、孤児園長になった。私は衛生顧問として、田川君は教育顧問として、一緒に働いた」

ここに登場する三人は、いずれも教育者であった。田川君というのは、山里小学校の名校長だった田川初治氏のことで、深堀君というのは、原爆で妻も子も浦上でなくした元教師の深堀勝氏であった。これに長崎医大の博士だった永井隆医学博士の三人に協力してもらいながら、『聖母の騎士園』はスタートしたのだ。

院長のミロハナ神父が代表園長となり、深堀さんが子供たちからお父さんと呼ばれていた寮長の役で実際面をとりしきっていた。それに若い指導員として復員してきた青年が参加したその中の一人が前出の深堀信二さんだった。

そして、ミロハナ神父は、さまよえる可哀相な戦災孤児を見つけ出し、修道院に連れてくる役を、ゼノ修道士に命じたのである。

「まず食べさせなさい」

ゼノさんがどんなふうにして戦災孤児らを各地から集め、修道院まで連れてきたかの証言がある。

元『聖母の騎士園』の指導員の一人だった深堀信二さんが、ある日ゼノさんに連れられて、戦災孤児集めに行ったときの話をしてくれた。

「あれは昭和二十一年の春ごろだったですかね。北九州の小倉の方までゼノさんに連れられてね、戦災孤児を集めに行ったんです。

私は、復員したばかりで二十歳そこそこでしたから何の役にも立ちませんでしたがね。ゼノさんの後をついて行くだけでした……というのはね、子供たちは集団化して暮していましてね。その背後にはかならず大人のヤクザがついていたんです。子供たちに靴みがきやスリ、かっぱらいをやらせていたんです。そういう子供に素人の私たちが手を出せないわけですよ。

ところが、ゼノさんは、おかまいなくズカズカ乗り込んで行くんです。ニコニコしてね、鞄の中からパンを取り出して、子供たちの中に入って行くんです。

大人のヤクザたちは、ギョッとして見て見ぬふりをするんです。裾の長い黒衣に目の青い外人ということで、親分といえども手が出せないわけです」

青い目の外人は、すべてアメリカ人、敗けることを知らなかった神国日本を打ち負かした戦勝国の人物――弱肉強食でその日暮しをしていた闇の帝王も手出しはできなかったのである。

こうした卑屈な敗戦国民の心理を読みすかすかのように、青い目のゼノさんは、ヤクザに支配されている子供たちの所へズカズカと近づいて行った。

「オーイ、坊ヤ、ミンナヨイコ、オジサンアメアゲマス、マリアサマヨロコブヨ」

奇妙な日本語で語りかけてくる外人神父の言葉の端々に、子供たちは何やら温かいものを感じて次第に近づいてくるのです。

長崎、小ヶ倉の「聖母の騎士園」で（昭和21年の夏）

「坊ヤ、長崎ユキマショウ。神サマ、ヨロコビマス」

真黒に汚れて鼻が曲るほど臭いシラミだらけの子供を引きよせ抱きしめるゼノさん。

見たこともない金色の体毛、青い瞳、大きな白い手、抱きすくめられたときのくすぐったいような肌ざわり、忘れていたあまずっぱい温もりが子供たちをフッと安堵の世界へと運び込む。ワッと吹きこぼれるような哀切の情が子供たちの小さな胸にわき起こって、僧服の腰ヒモにぶらさがり、フサフサしたあごひげをかきむしってキャッキャッとはしゃぐのだ。――そんな光景がたちまちゼノさんの周りに出現するのである。

「ゼノさんは、我々が躊躇《ちゅうちょ》するようなことをドンドンやってしまうんです」深堀さんは、なつかしい思い出になってしまった孤児集めの日々を回想した。

ゼノさんが救済の対象とした戦災孤児たちは、実際どのように生きていたのだろうか。

敗戦の虚脱。GHQの本格的な支配。旧植民地から陸続と帰国する引揚者でふくれ上がる日本列島。そして、深刻な食糧不足。激動の社会の変転から取り残されていく戦災孤児たち――。彼らの生活の場は、焼け跡のビルの中、ガード下、駅の待合室、公園のベンチだった。

ゼノさんが捜し求めた戦災孤児らの当時の様子を伝える新聞記事から、私はここで敗戦直後三ヵ月の世相を伝える『西日本新聞』昭和二十年十二月十一日付の記事を紹介したい。

【下関】《……下関駅には終戦とともに引き揚げ朝鮮人が殺到し無慮二万人が駅頭に陣どり闇市場が開かれ一時はところきらわずの放尿、放便に駅は塵介捨場のような観を呈した。この群集の中には、いつとはなくぼろぼろの衣服をまとった

ゼノさんには子供たちもすぐうちとけて

児童が出没し、旅行者の持ち物をかっぱらい、あるいはおねだりをしはじめた。これが戦災孤児だ。多いときは、五十人は下らなかったと駅では語っている。かれらは最初は朝鮮人の集団とともに寝起きしていたが、その後下関占領軍の指示で狩りこみがおこなわれ、同時に下関署および市の協力で、孤児の群は山口市の孤児院へ送られた。その数は現在二十一名に達しているが、その収容所から脱走し再び下関に舞いもどったり、新たに加わったものなど二十名に達している。その一部はまた、帰鮮を待つ朝鮮人の集団にまぎれ込んでおり、「孤児よどこへゆく」の感が深い。

……かれらは大阪、神戸、広島、岡山および福岡、その他九州各地の戦災孤児たちだが、雨天には終日、駅の待合室や食堂を根じろとし、天気のよい日は、

栄養失調で腹がつき出した子供たち

市中を徘徊して食糧や衣類をあさり、その寝室は駅にある四つの公衆電話室および、手荷物預所の横の鮮鉄案内所の方へ上がる階段などで、小さな毛布防空頭巾《ぼうくうずきん》を拡げ肌と肌をくっつけあってお互いの暖をとっている。

空腹になると出かけて、食事中の食卓へぬっと手を伸ばし、食べ残しをあさる、下関駅の外地引き揚げ邦人が同情してあたえる五円、十円のお金が孤児たちのただ一つの救いの食費である。駅の食堂でもときには残飯を給与するが、しかしこれで食生活が解決されたわけではない。

食と暖を求めて孤児たちの性格はま

すますひねくれ、生活が窮迫すればするほど非行は募ってゆく……。
わずか十一歳の姉が、八つと四つの二人の妹弟を抱えて、構内中をいじらしくかけあさっている、この三人姉弟は、山口の孤児院へ送られたが、いつの間にか下関駅へ舞いもどってきたもの、世話係の駅員が理由を聞くと、「こわいよ、こわいよ」と語るのみだ……》
私は、この新聞記事を、福岡市にある福岡県立図書館の新聞雑誌資料室で見た。西日本地区の生々しい敗戦直後の世相が載っていた。

一九四六年（昭和二十一年）八月の段階で、推定四万人とされた〝浮浪児〟は、以後ますます増え、一九四九年（昭和二十四年）ごろにはその数（すでに収容所に入っている者もふくめて）十二万人に達していたという。ゼノさんがどうしても活躍しなければならない社会背景があったのである。
全国八十一の大中都市が空襲で焼失。三十五万人が空襲で死に、九百二十万人が罹災している日本列島。罹災者を保護するという体制でもあった家父長制度、〝戦時隣組体制〟が崩壊すれば、戦災孤児らは、自らがさまよい歩き、食べものを求めて闇市へと集中するしかなかった。

闇市で使い走りや食べもの屋の水汲みなどして二、三十円の小遣いをもらい、食事をさせてもらって夜はどこかの屋台の下で寝る、これが生きる方法だった。

当時、食料の一切は配給制度であり、各家庭は役所が発給した通帳を持って配給所に並ぶ。成年者への主食の配給は、一日二百九十グラム、一食茶碗一杯だった。それも大豆とかさつまいもがお米の代用品として配給され、それも五日から十日と遅配になり、あるいは欠配もしばしばで、気まじめに正規の配給だけ食べていたのでは死んでしまう程度のものだった。

現に法を守ることに忠実だった裁判所の判事が、配給された以外の闇食料には手を出さなかったために飢え死にした例がある。すべての人々は飢え死にしないために汽車に乗って農家に出かけ、着物や貴金属を売って食料を確保しなければならなかった。

戦災孤児の多くは、一時、親戚の家などにあずけられるというケースが多かったが、親戚とはいえ食べざかりの子供をかかえるほど余裕はなく、あからさまにじゃま者あつかいした。子供心にそれを感じて絶望的な気持ちになって親戚の家を逃げ出すケースが多かった。

街に出た子供たちは、〝浮浪児〟と呼ばれる存在となり、ありったけの知恵をしぼって、靴磨き、煙草売り、新聞売り、露店商の手伝いなどをして自ら稼ぐ人になろうとした。しかし圧倒的に多いケースは、モライ、タカリであった。

先に街に出て〝浮浪児〟になった先輩格の戦災孤児たちは、まだ新しい服を着てキョロキョロとオッカナビックリ街の中を歩く新顔たちを目ざとく発見すると、新顔の服を取り上げてしまう。これを彼らの陰語でカチアゲという。互いに上衣やズボンを交換しあうことをチェンジという。子供たちが、自分の服や靴などを新しく買うということはまずない。

金はすぐに食べものに変わる。服や靴は、パクラレタとき（警察官や補導員に捕ったとき）にもらうものと決めているのである。一時保護所に送られた子供たちは、新しい服と靴をもらうと翌日逃げ出し、それを街に出て売って腹をみたすのだ。どっちみち新しい服を着ていると、新顔だと思われて、カチアゲられるし、新しい服では同情の目が集まらず、モライが少ないのである。子供たちの生きるための悪知恵が働く。

こうした子供たちをどこまでも捜し出し自分の住む教会へ連れて行くというのがゼノさんのやり方だった。

ゼノさんは、なだめすかして子供たちと仲良くなったところでもよりの警察や役所へ向かう。まず、よごれきった体を洗うために公共の建物内にある風呂を使うためである。

「ショチョウサン、子供タチ、オフロイレテクダサイ、子供タチ、服洗濯スル必要アリマス!」

前ぶれもなく、やれお風呂わかせ、洗濯をしてやってくれと、突然やってくる青い目の神父さんの強い口調に押されて、シブシブと、しかし心のどこかでは感動しながら、神父さんの命令に従うはめになる。

【「愛に育まれる戦災の児ら」マリア騎士修道院のあけくれ】

一九四六年(昭和二十一年)二月十二日付『長崎日々新聞』は、ゼノさんたちポーランド修道士たちが開設した『聖母の騎士園』を初めて紹介している。すっかり黄色く色あせたボロボロの新聞の綴込みの中にこの記事を見つけたとき、私はいっきに書き写した。

《……戦災の子三十九名が清純に嬉戯《きぎ》として群れ遊んでいる。この子供たちは、長崎の六名をはじめ、遠く東京（二名）島根（一名）よりきている。院長を〝お父さん〟と呼び、楽しい一日を送りむかえしているのだ。日本一の孤児園を作る抱負をもつ院長の頭には、楽しくその構想が描かれつつある……。毎日曜の午後きまって医大教授永井博士の姿をみる》

カトリックの神父たちが、孤児たちの天国をつくって待っているというニュースは、たちまち全国の戦災都市へと伝わっていった。

「カトリックの神父さんたちの所なら、きっとみんな幸福になれるさ！」……そんな噂が口から口へと伝えられ、次第に新聞もラジオも話題にするようになった。行き場を求めていた子供たちは、その噂にさまざまな反応を示した。

とくに木枯らしが吹き雪がチラつくようになると、寒さに耐えかねた子供たちが、伝え聞いていた南国長崎の楽園を夢に見た。思い立ったように列車を乗りついで長崎へと渡ってきた。長崎へ、長崎へ、あたかも渡り鳥のように大挙して押しよせて行った。これは、国はおろか親類縁者にさえ見捨てられた〝浮浪児〟たちの悲しき知恵でもあったのだ。

当時流行したマドロスものの唄も、港町の長崎こそあこがれの地として、子供たちの夢をかきたてたのかもしれない。

青い海、大きな白い船、いきなマドロス、どこか幸福の国へ連れて行ってくれるようなそんな港――長崎。キリスト、マリア様、異国情緒たっぷりなこの長崎のイメージは、貧しく飢えたる子供らの桃源郷としてうつったのだ。

しかし、一方、戦災孤児を引き受けることにしていた園側の台所は火の車だった。できればもうゼノさんには子供を連れてきて欲しくない、ドンドンドンドンと連れてくる子供たちに即応する体制が『聖母の騎士園』にはなかったのである。

突然、「コノ子タチ、オナカペコペコデス」と〝浮浪児〟を連れてくるゼノさんに「ゼノさん、もういいかげんにして下さい！そんなに食べさせるものがありませんよ！」と悲鳴を上げる炊事係だった。だが実際、善意のかたまりのようなゼノさんに、面と向かって抗議する者はいなかった。なぜならそのゼノさんこそが、食糧入手係ナンバーワンの働き者だったからでもあるのだ。

長崎県や市、政府が、子供たちの食費や衣服を支給するということはなかったし、若干の助成金も突発する出費の穴うめにはならなかった。園側は、子供を集めてくる以上にゼノさんが食糧その他の物質を入手してくれることを願わずにはいられなかったのだ。

そしてこの車の両輪のような超人的な仕事をゼノさん一人で背負うという形に次第になっていったのは事実であった。厖大な寄付を集める交渉を相手かまわずやってのけるゼノさんの才能に誰もが助けられたのだ。

原爆で焼失したため仮庁舎に移っていた市役所や出島《でじま》の近くにあった駐留米軍にゼノさんは何度も何度も足を運んだ。行政責任のある県や市の窓口は、ゼノさんの〝超法規〟の要求にあおられっぱなしで困惑しきっていた。

当時、長崎県児童課にいた岡田勇八郎氏は、ゼノさんにはホトホト閉口した役人の一人でもあった。

「正直いって、当時の私たち長崎県としては、ゼノさんの活躍が迷惑だったんです。ゼノさんは、東京や大阪からどんどん浮浪児を連れてくるでしょう。八割は国が援助しても、後の二割は県費でおぎなわなくちゃならない。県費にはワクがあって無制限に浮浪児を連れてこられても困るわけでしてね。長崎市の方の子供たちでさえまだ収容しきれない状態でしたから、とても東京や大阪からきた他県の子供たちまで手が廻らないんです。

それで、他県の子供たちはおのおのの県で扱うことになってるからと、ゼノさんにお願いしたんですがね。逆に私たちは、ゼノさんにこういわれて、やり込められてしまうんですよ。『児童福祉法ハ日本ノ法律デスカ、長崎県ノ法律デスカ、コレ日本ノ子供タチ、ドコノ県コレ関係アリマセン、日本ノ子ナラ誰デモ法律ニ守ラレネバナリマセン、コレチガイマスカ！』とね。

まあ、いまとなれば、当時の私の考えは小役人のそれで非常に狭い考えで対処していましたから、行政のワクを越えたゼノさんのやり方には大いに困ったわけですよ。それに、ゼノさんが直接連れてきた他にも、長崎へ長崎へと浮浪児が流れてきました。ゼノさんの活躍で有名になりすぎたんですね。長崎には孤児たちの天国があるという宣伝が全国に行きわたって、汽車の専務車掌が、この子を長崎まで頼むといってリレー式に送ってくるなんてことまであったんですよ」

いまは、長崎県庁を退職し保護司などの役員をしている岡田さんは、ゼノさんの独特な情熱に感嘆しながらも、それが当時の役人にとってかなりきつい要求だったことを思い出したのだった。

ゼノさんが連れてくるいわゆる浮浪児たちが、常に同情すべきおとなしい子供たちであるならばまだしも、ゼノさんの連れてくるケースは、〝最悪の子供たち〟だった。というのは、ほとんどが都会の闇市で育ちヤクザらにたっぷりと悪知恵を仕込まれてきた子供であり、通り一辺の大人の同情を見破る手のつけられないワルという名の知恵者ばかりだったのだ。

戦後できた長崎市の中央児童相談所に勤務し、都会からやってきたワルたちに手を焼いた経験のある島谷宏達氏はいっていた。

「児童相談所を渡り歩く子がいましてね、児童相談所は一時保護するところで、送られてきた子供たちに毛布や洗面具など一式をすぐにあてがうんですが、もらうものをもらうとポイッと出て行ってしまう。職員のポケットの物がない、あれやこれやがなくなっているんです。それでまた別の相談所を訪ねて保護される。相談所を渡り歩く、そんな子供が多かったんですよ。どこそこの方が待遇がいいとかいってましてね、子供同士互いに情報交換してるんです。

それに、長崎の子供と違って東京や大阪からきた子供は悪質な点については一枚も二枚も上でしてね、その子らにおとなしい子供たちが感化されて一緒に悪くなるというケースがありました。子供でもヒロポンを注射したり、十六歳くらいの女の子では売春する子もいて、相談所を夜ぬけ出してまた朝になったらもどってくるというすごい子もいました。

あのころは、全ての外人に対して皆がひけ目を感じていた時代ですからね、外人だったら労働修道士であっても〝神父さん神父さん〟と呼んでいた時期です。だから、ゼノさんが行政区域以外の東京などからわざわざ連れてきた子供でもつっかえせなかったんですよ。衣料、食料を始めすべての物が配給制でしたからね、すぐには食糧を確保できないんです。そこへ強制的に割り込んでくるんですからね、役所としては大いに困ったのが実状でした。

でもね、ゼノさんの行為の本質はわかっていましたし、その献身的な活動ぶりには、ホトホト感心していましたからね。

それに行政にもれた民間ボランティアの先駆《さきが》けですから、こっちはいわれるままに、できるだけのことをするしかなかったんですよ。……」

『聖母の騎士園』は確かに善意の結晶として開設された〝孤児の楽園〟であっ

たが、現実は手のつけられない〝悪い子〟たちのふきだまりでもあったのだ。

『聖母の騎士園』は、後にできはじめる他の収容施設と違ってゼノさんという特異な人物の大活躍で、沖縄の子、大阪の子、東京の子――都会の子と田舎の子が一緒くたになって住んでいた。九州地方のカトリック信者たちが教会に連れてきたおとなしい子供たちが、闇市育ちのワルたちにふりまわされて、かえって入園して悪くなったというケースもあったりした。

〝浮浪児〟たちの世界は、強い者が弱い者を支配し、弱い者は強い子に守られて生きる世界だ。

大人の親分子分の世界と同じである。したがって、その使用する言葉もヤクザ言葉が入っている。

マリア様にお祈りし、園長をお父さま、指導員をお兄さまと呼んで生活している『聖母の騎士園』の子供の中でも、入れ墨をして遊ぶことが流行したりしていた。どこから仕入れたのか、注射器の針先で肌を刺しながら入れ墨をしていた。

これも、闇市にいた都会のワルたちが持ち込んだ流行だった。

「実際子供たちは悪かったですよ。私たち若い修道士のいうことなんか絶対に聞きませんでしたからね」

当時若い修道士で上長にいわれて子供たちの面倒を見ていたフランシスコ中村修道士は、当時を思いだす。

「私なんか本当に嫌でしたよ。一度こんなことがありました。昭和二十三年の夏に、上級の園児を連れて、小長井の山の中で新しい騎士園をつくるので、開墾を手伝いに行ったことがあるんですが、どういうことでそうなったかもう覚えていませんが、指導員をやっていた五十歳になるAさんをですね、園児の一人が脅かしているんです。刃渡り四十センチほどの短刀をどこからか持ち出してきて、あれは風呂にAさんが入ってるときでしたね、その風呂場の蓋に、ドンとその短刀をさしてすごんでいるんです。あばれ者でとても手におえませんでしたよ。

でも、ゼノさんには特別でしたね、ゼノさんに反抗する子供なんぞいませんでした。不思議なほどゼノさんがやってくると、みんなおとなしかったですね」

ゼノさんの人気の秘密は、ゼノさんが子供たちの前に出現するときは、必ず、子供たちのもっとも喜ぶアメ玉やチョコレートなどを持って現われるところにあった。

当時はいまと違って甘い物を口にすることはできない〝お菓子欠乏〟の時代であった。

集めることの名人ゼノさんは、可哀相な子供たちのために物資の豊かだった進駐軍米軍やお菓子問屋にかけ合って貴重な品々を手に入れ、それをかかえ持って子供たちの前に現われるのが常だった。精神的にも物質的にも飢えていた子供たちにとって、そんなゼノさんは、大歓迎すべきサンタクロースそのものだったのである。

中村さんはいう。「ゼノさんは、私たち若い修道士によくいってました。まず食べさせなさい、お説教はそれからです。お腹がすいていては、耳から入ったお説教もすぐに消えちゃうから効果がない、まず食べさせなさい、そういってました」

私は、戦後すぐに開設された『聖母の騎士園』の管理と指導にあたっていた日本人修道士ペトロ石橋さんを、兵庫県西宮《にしのみや》の仁川にある修道院に訪ねた。

石橋さんは、ゼノさんの活躍に大いに助けられた思い出を語ってくれた。

「あれは、まだ子供たちが本河内の修道院にいるときでした。明日はいよいよマリア様の行列があり、子供たちが全員行列に参加するというときのことでした。服は全員そろえたんですが、はかせる靴がないんです。困りはてていたんです。そしたら夜の十二時ごろでした、私の部屋のドアをドンドンドンと叩くんです。ゼノさんでした。

『ペトロ！　クツモッテキタヨ！』といって、大きなフロシキに五十人分の運動靴をドンと投げ出したんですね。本当に驚きました。ゼノさんの話では市内中の靴屋さんを廻ってもらってきたというんです」

石橋さんは、ゼノさん

子供たちのために集めてきた靴の山を前に

の話になると笑いが込み上げてくるといいながら話をつづけた。

「『聖母の騎士園』が本河内の方から小ヶ倉の三菱工員寮の跡に移ってからのことですが、いよいよ明日は食べるものがないというときがありましてね、子供たちを御堂に集めて、明日のためにマリア様に祈りましょうといって祈りを捧げていたんです。

その翌日ですよ、佐世保の進駐軍のトラックが三台、食糧を山積みして寮の中庭にクラクションを鳴らしながら到着したんです。子供たちが歓声を上げて迎えました。ゼノさんの働きで送ってよこしたんです。ビスケットや小麦粉、バターや衣服など、トラック三台分もあったんです。ゼノさんでなきゃできないことでした」

長崎本河内の修道院を基点として、熊本、鹿児島、佐世保、福岡、小倉、さらに山口へ大阪へと、戦災孤児救済活動を繰りひろげ、さらに、その子らの食料、衣服などを入手する活動をし、子供たちの命の綱となって働いていたゼノさんだったが、修道院長から新しい任務をいいつけられた。

コルベ神父が長崎にやってきて以来の念願であった『聖母の騎士』の東京進出が正式に決ったのに際して、その教会建設用地を東京に捜し出せというものだった。

本河内の修道院内にあった戦災孤児の施設、『聖母の騎士園』が手狭となって、長崎市の南郊外、小ヶ倉に移転したちょうどそのころ、ゼノさんは、上長の命令によって単身その活動拠点を東京に移すことになった。

土地捜しの名人、交渉術バツグンの人物としてゼノさんは、教会の内部からも付属施設からも各信者たちからも、たよりにされる大いなる存在であった。ゼノさんの頭の中にはさまざまな人々の要求や願いが折り重なってつまっていた。とうてい一人ではさばききれないそれらの要求の数々を、ゼノさんは忘れることなく、西に東に奔走して手に入れていたのだ。

修道会の東京進出にともない、長崎の子供たちと顔を合わせる機会は少なくなったが、ゼノさんは、東京や大阪でまた新しい戦災孤児らを救済して歩いていた。ともすれば教会内部の仕事をおろそかにしながら――。

東京へ出たゼノさん

敗戦一年後の秋、上京したゼノさんの仮宿舎は、大田区田園調布にあるフランシスコ会のカナダ人が経営するカトリック教会だった。戦時中は陸軍省に接収され、ドイツ人らの抑留所として使われていたこの修道院は、東京が空襲に見舞われているときも、屋根高く赤十字の旗がひるがえっていたために難をのがれ、焼けずに残った建物だった。

カトリック田園調布教会は、東横線と目蒲線（現在は目黒線のみ）が交差している多摩川園前駅で下車して五分ほどの丘の中腹にいまもある。

三十三年前の同じ秋、ゼノさんが登っただろう同じ坂を私もまた登って行った。

「ゼノさんは、本当に忙しい人でした。よく可哀相な人があそこにいます、ここにいますといっては、何かとその人たちのためになる食物などを運んでいましたよ。長崎の『聖母の騎士修道院』からは、ゼノさんの後を追うようにして、ドナト神父様と、少し後でセルギュウス修道士がやってきてここに泊っていました。赤羽にあの人たちの教会ができるまでいましたよ」

敗戦の年の秋十月、日本軍の接収がとかれて北浦和の疎開先からもどってきた当時から、ずっとこの田園調布の教会に勤める奄美大島出身のアントニオ修道士が説明してくれた。

この教会には戦後新たに大聖堂が建ち、当時とは趣を異にしているということだったが、ゼノさんが寄宿していた部屋のある二階建、地下一階の鉄筋の建物はいまも残っていた。

「ゼノさんは、この建物の地下室にね、パン焼カマドをつくってましてね。一人でせっせとパンを焼いていたんですよ。そのパンを持ってね、上野の地下道なんかにいる困った人たちに配っていたんですね。いまはもうゼノさんのつくったカマドはありませんがね、天井が真黒になった跡は、いまもそのままになっていますよ」

私は驚いた。いまもゼノさんが活躍した当時の痕跡があるなんて……。私は、ゼノさんの事跡を訪ねて各地を歩いてきたが、実際、ゼノさんが活躍した当時のおもかげを残しているものは、ほとんど無く消えていたのだ。

「その地下室というのは、見ることができますか！」私はいきおい込んでアントニオさんに尋ねた。

「ああ、いいですよ。案内しましょう」アントニオさんは、チョコレート色の修道服をひるがえし、建築して五十年、まだ一度も直したことがないという木製の階段をふみしめて、三十余年前と同じだという地下室へ向かった。

「ここは、いまも当時と同じ大工部屋なんです。ここの窓ぎわに、レンガを積んだカマドをつくったんですよ」

天井はススけて真黒になっていた。レンガのカマドで火をたき、その燃えた炭を外に出し、鉄板のうえにパンを並べてカマドに入れる。外に放り出された火の煙が天井をはい、廊下にまでモクモクと立ち込める。地下室には大きな窓があって明るかったが、天井はみごとにススで真黒になっていた。

私は、いまにもゼノさんが忙しげにカマドから焼き上がったパンを取り出し、袋につめて、貧しい人々に配るために長い木の階段を急いで上っていくのではないかとそんな思いにかられて室内を見廻した。

「この天井の黒さだと、ずいぶんパンを焼いたんでしょうね」私は、アントニオさんに尋ねた。

「ここの教会のカナダ人の神父さんが、元住吉の米軍に行っていましてね。イースト菌など、パンを焼く材料はあったんですね」

私は、廊下にも出てみた。廊下の天井もすっかり黒く染まっている。

ゼノさんは、この大工部屋でパンを焼くだけではなく例の靴修理もやっていたという。私にはゼノさんのトントンと靴修理をする姿が目に浮かぶようだった。

空襲をまぬがれたこの田園調布の教会は、カトリック系の各会派の神父たちが、上京した折の宿泊地として使っていた。地下室から上がったすぐの所に、台所と食堂があり、いまも当時とさして違わなく使われているという、木製の古めかしいテーブルと椅子が並んでいた。

中国から引き揚げてきたイタリア人宣教師やカナダ人をはじめ、アメリカ、ドイツ、フランスなど、国籍の違う各派の神父たちが、この会堂に集まっては、戦争で混乱した各地の世相の中で、宗教者は何をなすべきかを議論し、情報を交換し合っていたという。

日本におけるキリスト教布教運動がもっとも栄えた時期は、戦後の混乱期、GHQ支配時代だった。とくに各連合国側の教会関係者は、進駐してきた連合国側の兵士の宗教行事を引き受けながら、その豊富な物理力を借りて日本布教活動に躍起となった時代である。

私は、その食堂をちょっとのぞいてみた。いまにも各神父たちが顔をつき合わせて議論している様子が見えるようだった。しかし、ゼノさんは議論をする司祭たちの中にはいなかった。ゼノさんは腰を温める間もなく焼きたてのパンをかかえて街に飛び出て行ったはずだからである。

一人六畳ほどの洋間が与えられていたこの修道院の一室に、ゼノさんは足のふみ場もないほど荷物（救援物資）をおいていた。今日はこの品物を上野の地下道へ、明日は新橋のガード下の浮浪者へと仕分けに忙しかったのである。当時、この教会にいてゼノさんに仕事をいいつけられて、自分の仕事ができなくなり困りはてたことを思い出すというシスタークララさんが、現在沖縄の教会にいることがわかった。

「ゼノさんは自分の仕事に〝熱中〟なさるんです。私はね、ゼノさんが私を見つけ出す前に逃げ廻りましたよ。『クララサン、コレ書イテクダサイ、ジイサン日本ジ、カケマセン、ハガキカイテクダサイ』っていってね、手紙の宛先を何通も書かせるんです。

私が忙しいから手伝えませんとお断わりしても、全然あきらめないで何度も何度もたのむんです。ニコニコしてね。ついにゼノさんには根負けして引き受けてしまうんです」

クララさんは笑いながら言葉をついだ。

「ある日のことでした。ゼノさんが私を連れましてね、東京駅の鉄道局（国鉄）本社へ行きました。私は毎日のように外に出て伝道の仕事をしていたんですけど、ゼノさんは私に無料のパスを出してもらうから、ついてこいというわけなんです。

ゼノさんは大きなビルの何階かにあった部屋へドンドン入って行って、『コノヒト、慈善ノタメ、マイニチアルキマス』といってね、無料パスを出してくれといってたのむんです。国鉄の方だって、はい、そうですかと全国無料パスを出せるわけないんでしょうけど、二時間も三時間もゼノさんはたのみつづけるんです。

私はもうはずかしくて、もういいから帰りましょうといってもまだガンバルんです。ゼノさんは『ダイジョウブ！　ダイジョウブ！』といって、帰ろうとしなかったんです。結局はもらえませんでしたけどね。……」

ゼノさんの人柄がほのぼのと伝わってくるようだ。なりふりかまわず善意の塊となって働きつづけるゼノさん。

そのゼノさんが、ある日、すこしくたびれた顔をして教会にもどってきた。

「今日ハ上野へ行キマシタ。カバンノビスケット、ミンナウバワレマシタ」という。

上野には、飢えきった人々が身を寄せ合っていた。そこへ、食物を持って誰にでもやるという人間が現われれば、先を争ってそれを奪い合うのも当然だった。ウンもスンもない、まるで野獣のよう

路上で寝ているのか、死んでいるのか、子供たちが何人も見捨てられていた

空襲で家を失った人が地下壕などに住んでいた

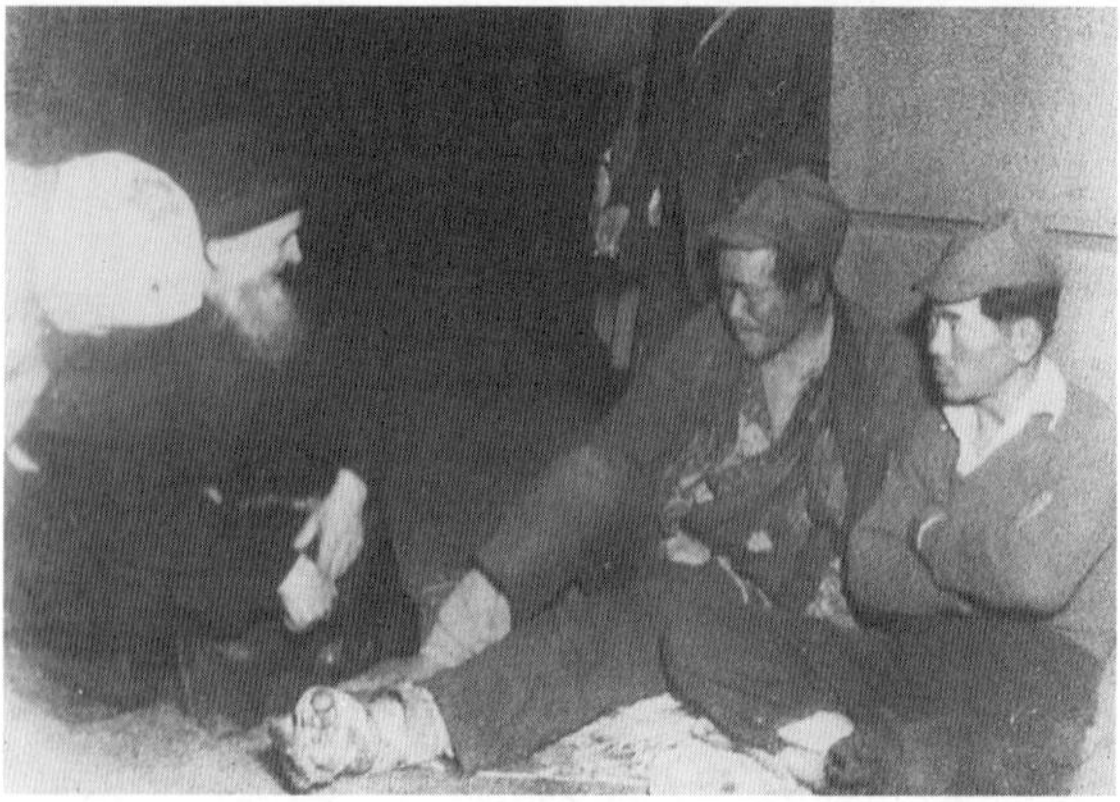

地下道には数千人もの人々がいた。
その中には病人やケガ人も多い（上野地下道）

にゼノさんの手の品物をひったくるように持って行ったのだ。
「今日、洋服モッテ行ッタラ、皆ウバイアイ、ミンナヤブケマシタ」そういっ

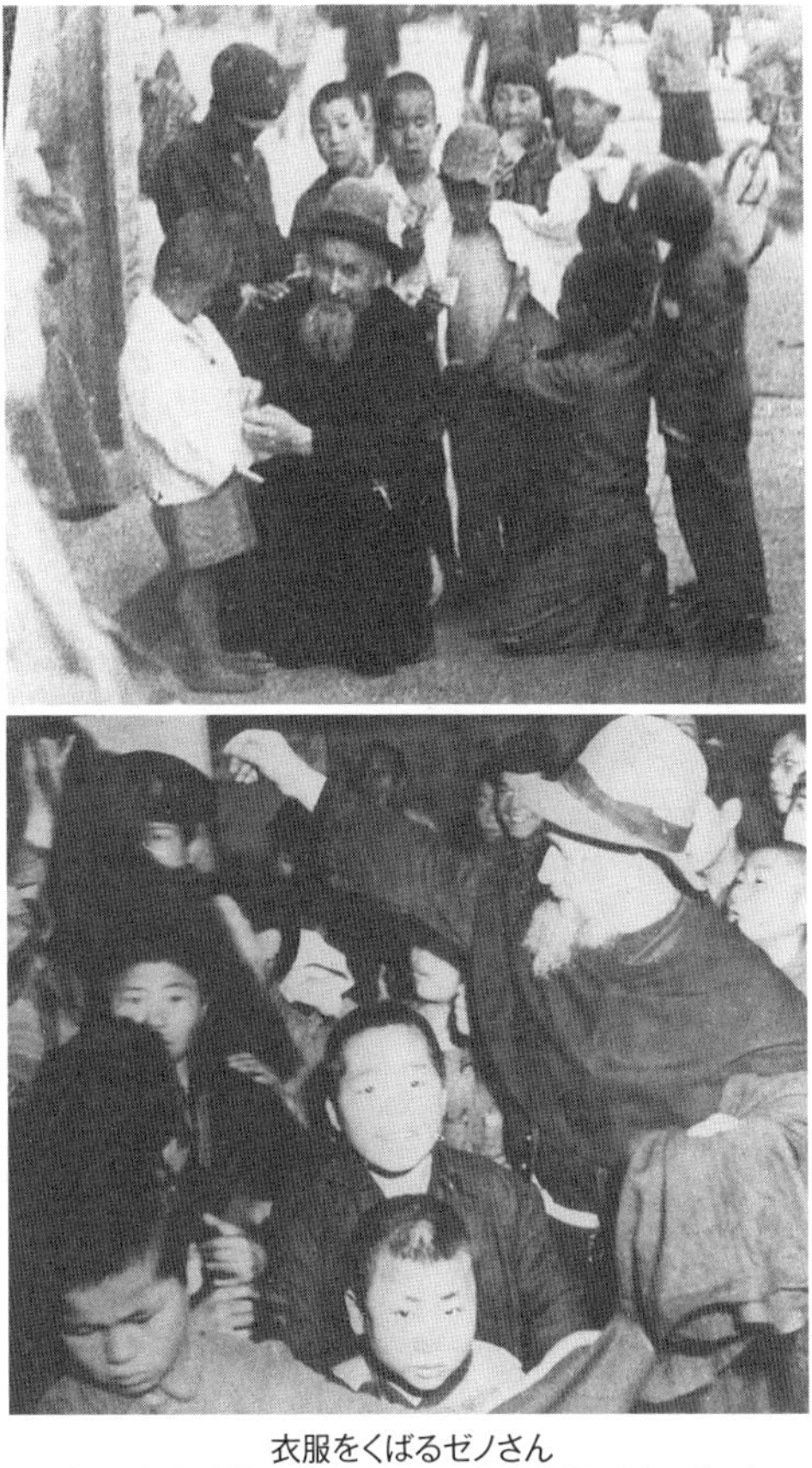

衣服をくばるゼノさん
（上：東京浅草の路上で／下：東京上野の地下道で）

てまた肩を落とすゼノさんだった。

「だから私がゼノさんにいったんです。ただ無差別に配るんじゃなく、だれか代表者をつくって、並んで配るようにしなければだめだって教えたんですよ」

たった一人で、自分の考えで、必死になって可哀相な人のために働くゼノさん。

三十三年前、この田園調布の坂道を下りながら目蒲線（当時）に乗り、京浜東北線で上野へと向かったのだろうゼノさんの足跡をたどって私もまた、上野へと向かってみた。

上野の地下道に通いつづける

戦後世相史を語るとき、「上野」の存在はどうしてもはずせない。それは上野という地名の響きの中にベッタリとついて離れない「地下道——浮浪者」という言葉が同義語になっているからかもしれない。上野はそれこそさまざまな意味で、戦後混乱期をもっとも象徴的に表現した巨大な都市棲息地であるからだといえよう。

長崎から上京し、活動の拠点を東京に移したゼノ修道士が、いったいどういう経路をたどって、悲惨をきわめていた「上野地下道」の住人たちに手を差し伸べるようになったか定かではないが、ゼノさんは足しげくこの地に足を運んでいた。

いまは高層ビルが林立し、駅前には高速道路が走り、公園は整備され、文化の殿堂が次々と並び立ち、パンダ騒ぎでわきかえる上野動物園。日曜日には行楽客で、上野ははちきれんばかりとなる。私は、この「上野」の三十数年前にさかのぼり、ゼノさんが、上野の〝浮浪児〟らの救済にどれだけ働いてきたかをなんとしてもたどっていかねばと考えた。あの敗戦直後の上野を知る人物を捜した。

「あそこは、ムシロ生活だったし、言葉は悪いが社会悪の温床でね、警察も行けない所だった。とくに一人では行けず、定期的に集団で部隊を組まなきゃ入れなかったね。

私があの地下に入りこんだのが昭和二十二年の初めで、地下道から離れたのは、翌二十三年の暮れだったですね。その間にゼノさんを何度も見かけたことがありますよ。

あそこの地下にはいろいろな団体が慈善事業に次ぎ次ぎ入ってきたけれどどれ

も成功しなかった。私は戦争犯罪人というレッテルをはられて逃げていた身だから、隠れ場としてあの地下に入ったんだが、一晩のうちに時計や服、靴など身ぐるみ全部もって行かれてしまってね。すさまじい所だった。そこに、浮浪児もいるわけよ。その子らはたいていチャリンコ（子供スリ）やってたけど、そのチャリンコのボスがリンチしてるんだね。見るに見かねて、私は空手をやってたもんだから、そのボス連と渡り合ってね、子供をかばってやったんだよ。

そんなことがきっかけで子供たちが私に寄ってくるようになったんだ。その子らの中には、乞食の子だとか、いい家のおボッチャンだとか、チャリンコだの窃盗だのが群れていたんだ。私はこのまま

何日も食事らしい食事をしていない人のために
新聞社などに働きかけ、食事を提供してもらう交渉もした
（中央 ゼノさん）

じゃいけないと思って、都の労働局にかけ合って職業課に籍をつくってもらって、彼らに職業を与える仕事をやったんだよ。

ゼノさんの活動は、単発的なもので、たまに見かけるというくらいだったと思うね。だけどあそこには二千名の人間がいたからね。地下の問題だけじゃないし、上野の山の方にも大勢まだ浮浪児がいたし、夜の女も、オカマも闇屋もいてそりゃ、行き場のない人間のるつぼだったよ」

私は、敗戦直後、上野でゼノさんの活躍を目撃した人物を捜すために、いわゆる上野駅の地下にいたことのある人物を捜し、やっとのことで上野の地下問題を都に働きかけた元地下道住人だった下平富士男《しもだいらふじお》氏の存在を知った。彼は私が発見することができた唯一の地下道住人のひとりであった。

上野駅のあの高い天井の大きな構内とか、駅前、地下鉄銀座線への地下道などは、敗戦直後と今もあまり違わないという。その地下道に私は何度となく足を運んでみたが、あの地下道に二千人から三千人もの家なき人々がたてこもり、雨と寒さをさけて一夜をすごしていたなどと、どうしても想像できなかった。

現在、上野駅東坂口前で大きなタイル店を経営する岡田三郎氏は、地下道で活躍するゼノさんの姿を目撃していた人物だった。二十一年当時、何度かゼノさんの要請をうけ、店の品物を寄付したりもした人物だ。

「私がゼノ神父様と知り合ったのは 終戦後すぐ、二十一年ころだったと思います。私の家は上野駅のすぐ近くにあったので、あの有名な地下道を通っていました。そのころのゼノ神父様について強烈な印象を持っています。それはあの臭い地下道で、シラミをいっぱいつけた臭い子供や大人、家のない人たちみんなにDDTを背中から、胸に手押しポンプでふりかけてやっている姿です。当時は、他人のことなど考えるゆとりのまったくない時代で、自分一人がやっと生きる毎日でした。いまでも目をつぶると人助けするゼノさんのその時の姿を思い出しますよ……」

上野駅とその地下道は、農村地帯からのたえまない上京者と闇屋、かつぎ商人で活気を呈《てい》していた。駅には列車の出発を待ち合わせる人々があふれており、それらの人が持っている食物をもらおうと浮浪児らが集まっていた。

ここ上野駅周辺には、なんとか食べていくためのさまざまな手段方法があった。タバコの吸いがらを拾って歩く。手に入りにくい乗車切符を先に買ってやってその手数料をとる切符転売、あるいは買物行列の順番とり。めったに座れない列車の座席を確保してチップをもらう座席とりなど、さまざまな人に寄生して生きて行く手段があったのである。

人と物が集中するこの地帯では、それだけ犯罪も多く、スリ、窃盗、置き引きなどは日常茶飯事だし、密売、売淫、たかり、サギ、強迫など、法規の裏をくぐった生き方をすればとにかく食っては行ける治外法権的な場所であった。犯罪を犯されもするが、犯すことも容易にできるという無秩序な場所、上野は、また生きやすい所でもあったのだ。

ある復員軍人の一部は、原隊から持ち出してきたダイナマイトを湯でとかし、「おしるこ」だといって地下のくらがりで何杯も売ってもうけていたし、上野公園は闇の女の並木道になっていた。夜の女にむらがる米兵たちを目あてに、こんどは男娼が出現し、その男娼を求めて米軍の将校がジープで乗りつけるというありさまだ。米兵や将校連が夜の女たちに流す高級品の数々が、また上野の森を活気あるものにしていった。

そんな環境の中で、〝浮浪児〟ともいわれていた戦災孤児らは独特な隠語を使いながら、精いっぱい生きていた。

「今日はハマ駅でシケモク拾ってたらよ、ヤサグレがきやがって、オシンコをゴッテリ持っていやんのよ。イッコ、カチアゲてよ、それでギンシャリ食ってドウカツへ行って帰ってきたよ」ざっと、こんな言葉のやりとりである。これを訳してみると次のようになる。

「今日、横浜でタバコの吸殻を拾っていたら、家出の子がやってきて、お金を沢山持っているので、百円とりあげてそれで白飯を食べて映画を見て帰ってきたよ」（大宮録郎著『浮浪児の保護と指導』参考）

こんな子供らを捜し求めて地下道に入って行ったゼノさんは、そこにドン底の生活に追

上野地下道では毎日死人が出た

い込まれ、怖いものなしのすさんだ生活をおくる人々の群れを見たのである。

一九四六年(昭和二十一年)末から翌四七年(昭和二十二年)正月にかけて、上野地下道では連日、飢えと寒さで人間が次々と死んでいた。その数、実に五百七十三名にものぼっていた。

一九四七年(昭和二十二年)一月八日から十日にかけてのこと、『東京新聞』は、上野地下道の悲劇を次のように報じている。

《地下道での凍死者は今年に入ってから、一日二名、二日から四日まで毎日一人ずつ計五名の凍死者を出し六日の六名を加えると十一名の多きにのぼっている。このため上野警察署のお巡りさんの仕事始めは、この地下道で死んだ浮浪者を区役所に引き渡すことだった。これらの凍死者は、いずれも栄養失調と不自然な生活からの疲労に、例年よりきびしい寒さが冷え切ったコンクリートの床で彼らの死を早めた。昨年十二月地下道で死んだ浮浪者は凍死十七名、行き倒れ死者十一名もあった。

警察と区役所では、昨年いっぱいに地下道で死んだ合計三百四十八名(男三百八名、女四十一名)、行き倒れ二百二十五名(男百七十名、女五十五名)計五百七十三名という浮浪者の死体を引き取った。一番ひどかったのは、三月の九十五名、これは食糧事情のひどく迫ったときに起ったものだが、暮から正月にかけて、死者のほとんどが、空腹と衰弱の病体に加えて寒さが死の原因だ、浮浪児の軟禁同様の収容が功を奏してからは、死者は大体大人ばかりだったという》

毎日夕方の五時ごろともなると、暖を求める浮浪者が続々と地下道に集まってきた。さらに夜の十時ごろにもなるとゴロ寝する人々で、足のふみ場もない状態になり、長さにして五百メートルの地下道にその数一千から二千人を下るまいという人間の人いきれと、糞尿やすえた食物の臭いが異臭をはなち、それは遠く電車通りまで臭っていたという。

夜中、巡視役の駅員や警察官は、地下道入口付近で鼻をつまんで逃げ出すというほどの悪環境だったが、行き場をなくした人間たちにとっては、最後の安住の場所だった。地下道の中は外の世界より、ある意味ではいっそう弱肉強食の世界だった。

体が弱りはてて力が出ない者らは、どんどんと寒い悪条件の所にやられ、元気な者が温かいよい場所を確保した。やっとのことでたどりついた地下道だったが、夜明けには冷たくなっているということがよくあった。衰弱しきった人間が、その死を予感するかのように、この地下道をめがけてやってきては、次々に死んでいる。寝ているとばかり思っていた隣の人間が朝には冷たくなっている。あたかもここが死に場所でもあるかのように。死体は東京都に引き渡され、警察医が解剖し無縁仏となった。

この上野地下道は、はじめのころは、誰もが一時の仮の宿と考え、出入りが激しかったが、次第にここを定宿にする人が多くなりだした。地下道を住居にする人々の増大とともに、ある種の秩序ができ始め、昭和二十一年の暮には、排水管の故障で地下道に水があふれたときなどは、上野駅の助役室へ代表者を送り出し、善処せよと要求するほどで、安心して眠れる地下道を提供するように迫ったりした。

私が見つけ出すことのできた上野とゼノさんの関わりを伝えるもっとも古い一般紙の記事は、一九四八年（昭和二十三年）三月六日付『東京タイムス』であり、それは、地下道の浮浪児たちに古着類をわけ与えているものだった。

〝つめたい世間・ゼノ神父のなげき〟

《長崎で孤児や浮浪児の世話をしているフランシスコ会聖母の騎士院のゼノ神父は去る二日上京、四日夜は上野駅に現われ、地下道でふるえている浮浪児たちに、長崎からたずさえてきた古着類をわけ与えたが、たどたどしいながらも熱のこもった日本語で次のように語った。

「このあわれな人々を見て世間の人は一体何とも思わないのでしょうか。私は長崎の女学生などが集めてくれた古着や毛布を、家のない婦人や子供、病人などに与えてきたが、それを盗んでゆく人がある。役所も本気で取り上げようとはしないし、取り上げても仕事が遅れて話にはならない。みんなは〝愛〟が足りません」》

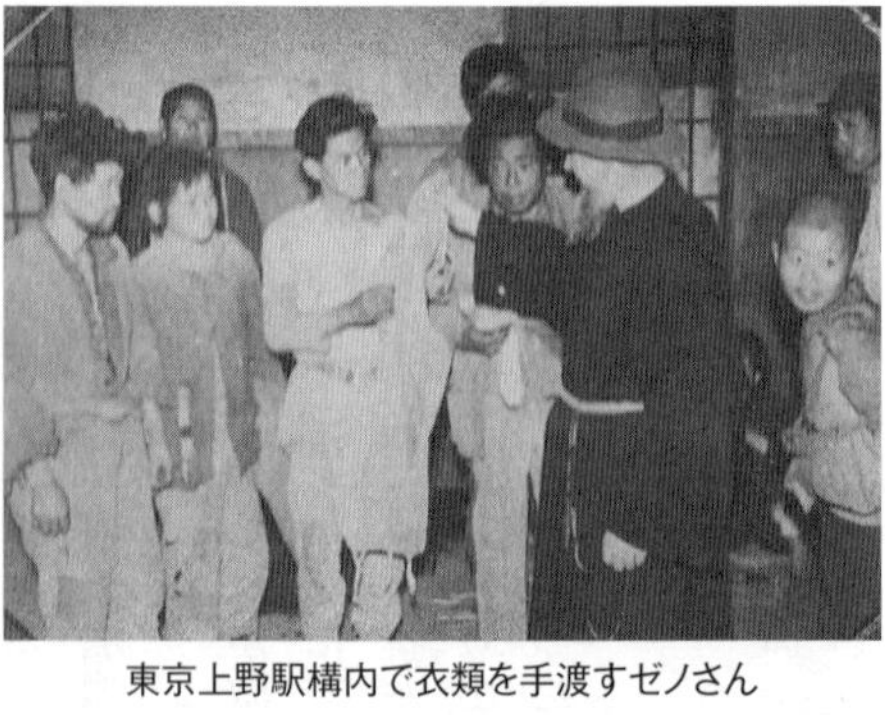

東京上野駅構内で衣類を手渡すゼノさん

ジッとしておれないゼノさんの姿が浮び上がってくるようだ。

田園調布のカトリック教会を仮の宿にしながら、東京に「聖母の騎士」の教会を建設するための用地を探す任務をおびて長崎から上京していたゼノさんであったが、目の前にいる窮民の救済に忙しく、ともすると土地探しの方は後まわしになりがちであった。

この当時のゼノさんを伝えるもう一つの記事を発見した。戦後一年ほどして再開された『カトリック新聞』に、一九四七年（昭和二十二年）八月、ゼノさんが、銀座で靴みがきをしていた十四歳の少女を救ったという記事が載っていた。

この記事によると、その少女は戦災で両親を失い養女にやられたが、養父母は彼女を芸者に出そうとはかった。芸者になるのを嫌がった少女は家を飛び出し、銀座の浮浪児たちの仲間に入って靴みがきをしていた。男の子と違って女の子は当時人身売買の対象となったことから、ゼノさんは、その少女を田園調布の教会に連れて帰り、シスタークララに頼んで少女の落着き先を捜してもらったという。この件を私はシスターにたずねてみた。

「ええ、覚えています。ゼノさんがね、例によって連れてもどってきましてね。女の子を風呂に入れてやって、一、二日泊めてやりましたね。その後、たしか川崎の『聖体礼拝会の白菊寮』に入れてやったんだと思います」

少女は、ゼノさんの手で無事に保護されていたのである。

おそらく、いまは、四十五、六歳の年齢になるだろうその少女は、その後どうなったかわからない。

土地捜しの名人、ゼノさんが東京に移って早や一年がたっていた。目前の窮民救済にかけ廻って土地捜しをおろそかにしていたわけではなかった。ゼノさんの考えに少しばかり変化があったのだ。ゼノさんの頭の中には、単に教会を建てる土地を捜すということにとどまらず、街にあふれている、家のない家族や、戦災孤児らが身をよせ合って住める大きな学校のような建物がないものかと考えるようになっていたのだ。

これは、長崎の本河内にある修道院で始めた戦災孤児収容施設と似たものを東京につくりたいという考えでもあった。

焼け野原となった東京で何千人もの人たちが一緒に住むことのできる土地と建

物は容易に見つからなかった。しかし、ゼノさんは捜しつづけた。このゼノさんの熱意を知ったあるカトリック信者が、赤羽の駅近くの軍需工場跡が手に入りそうだという話を持ってきてくれた。

長崎からドナト神父を呼びよせ、土地契約に関するこまごまとした交渉に入った。半年後、ついに四千坪の土地を手に入れることができた。教会は、アメリカにいたサムエル管区長から送ってきた衣類などを売って資金をつくり、一九四八年（昭和二十三年）五月三十一日、正式に売買契約を成立させ、ようやく東京へ進出することになった。

ゼノさんとドナト神父、それにセルギュウス修道士が中心になって、赤羽での教会建設活動が始まった。

六月一日、ゼノさんの宿舎は、田園調布から赤羽に移った。焼け野原にポツンと残ったレンガづくりの小屋を改造し、そのすぐ横に木造平屋の小さな修道院兼聖堂（十二坪）を建て、東京での布教活動を開始した。

この赤羽教会は、いまもＪＲ赤羽駅のすぐ近くに存在し、大きな御堂がそびえ建っている。

ここの教会に通う信者たちによって編集された赤羽教会十周年記念パンフレットに次のような文章があった。

「ある朝であった。駅から帝国製麻の焼跡の敷地に残っている五坪程の赤レンガの物置小屋に修道服をつけた外人が出入りをしているのを見たのであった。『あっ、神父様らしい』早速おたずねしてみると、長崎から『聖母の騎士修道会』が教会を建てる為にこの赤羽に来られたことが解ったのであった。その狭い小屋に寝起きをされていたのは、ドナト神父様、コースマス神父様、ゼノ修道士、ほかに若い修道士さんが一人いた。

嬉しかった。本当に嬉しかった。私たちが願っていた近い処へ、其れも歩いて行ける近い処へ教会ができる。お恵みだとしみじみと感じたのであった。……」

この文章の主はすでに亡くなっていたが、古くこの教会創立当時から信者として教会に出入りしていた大志保スミレさんという女性に会うことができた。

大志保さんは、教会創設当時は、社会奉仕グループの「少女会」の代表者として、赤羽地区の子供たちを集めて日曜学校を開いていた。

「ゼノさんは、そのころよく上野から浮浪児を赤羽の教会に連れてきました。

その日も、教会によくきてゼノさんの手助けをしていた学生と一緒に、上野から数人の子供たちを電車に乗せて、赤羽の教会に連れてきたんです。

ゼノさんは私の顔を見ると、その子供たちの、のび放題になった頭の毛を刈ってくれというのです。私はバリカンの用意をして、一人一人刈ってやりました。夕方までかかりましたよ。髪の毛が汚れているので、なかなかうまく刈れなくて、『痛エーナー!』といって子供が怒るし、大変でした」

ゼノさんは、赤羽に教会ができたのにともない新しい信者を獲得しなければならなかったのだが、足はつい上野の子供たちに向き、教会まで連れてくることになったのだ。

大志保さんは、いかにも懐かしそうに、しかし、大いにゼノさんには困りはてた日々を回想してくれた。

「私たちは自分たちで立てたスケジュールにそって活動していたもんですから、ゼノさんが上野から突然子供たちを連れてきたりすると、そっちに手がとられて日曜学校にきている何十人もの子供の方がおろそかになっちゃうんです。それで、私たちはゼノさんにたのんだんです。

『赤羽の教会は赤羽の方の子供で手がいっぱいだから、突然上野の方から子供をたくさん連れてこられても困ります！』って。それからゼノさんは、以前のように連れてこなくなりました」

当時、赤羽には、近くの赤羽火薬庫跡に満州とか朝鮮や台湾から着のみ着のままの姿で引き揚げてきた百世帯の引揚者が住んでいて、そこには二百四十人もの子供が気の毒な状態でいた。赤羽修道院の初代院長ドナト神父は、その子らに手を差し伸べるよう信者たちに呼びかけていたので、ゼノさんが上野から連れてくる子供たちまで手が廻りきらなかったのだ。

ゼノさんの頭の中に夢としてあったもっとも貧しい気の毒な戦災孤児と浮浪者たちが一緒に住める大きな家――の構想は、なかなか実現しなかった。

あまりにも個性的なゼノさんの性格が、ごく限られた地域の住民たちを対象に、コツコツと生活向上をはかっていく教会中心主義とズレを見せた最初の出来事だった。常にゼノさんの胸のうちの思いと、それを実現していく具体的な方策とが微妙なところでスレ違いをみせるということの種のことに、以後何度も出くわすのであるが、ゼノさんの貧しき人々の王国の建設の夢は、ゼノさんの胸の中でますます燃えていたのです。

ゼノさんが、後に「新聞神父」とあだ名されるようになるのは、この夢を実現するためだった。ゼノさんが戦後回復したマスコミを利用することになるのは、ゼノさんの胸の裡に消えることなくますます燃える〝壮大な計画〟を実現せんがためであったのだ。その可能性は、実は十分にあったのが、敗戦直後でもあったのです。

第3章　戦災孤児十二万人に「少年の町」を

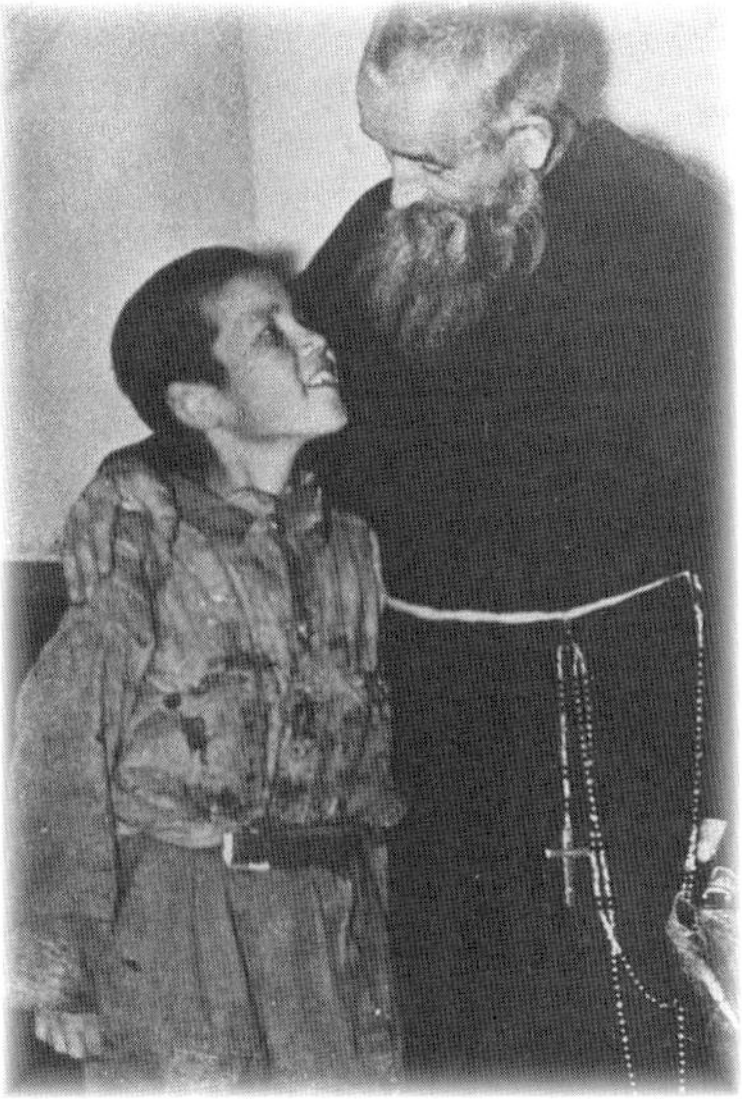

「少年の町」づくりに奔走

長崎駅から電車で東に二時間。佐賀県との県境に有明海を望む小長井という小さな町がある。その町から西の県立公園多良岳の方に向かって七キロ奥に養護学校や、重症身心障害者病棟やシスター養成学校など九州でも有数の施設をそなえる養護施設群がある。その一画に、現在の『聖母の騎士園』があった。

私は、この小長井の『聖母の騎士園』を二度訪れた。一九四八年（昭和二十三年）、まだ草ボーボーの原野を、ゼノさんたちが苦闘しながら開拓した当時のおもかげを求めてのことである。しかし、白い校舎や近代的な病棟、アスファルトで舗装された大きな道、そこを若いシスターたちがマイクロバスでどこかへ向かう光景を見ると、遠く三十余年前の地形を思い浮かべることは不可能だった。だが、ここはまぎれもなくゼノさんらが、浮浪児たちの天国「少年の町」を建設すべく夢をいだきガムシャラになって開拓した土地だったのである。

一九四七年（昭和二十二年）秋に東京へ移ったゼノさんは、翌年六月一日に東京赤羽に四千坪の土地を捜し、教会の基礎をつくるとまもなく、一時長崎へともどった。ペトロ石橋修道士の働きで、百町歩の森林と原野が教会側に入ったのを機に、そこに「少年の町」をつくることになったのだ。その建設資材の入手に、ゼノさんがまた長崎に呼びもどされたのである。

一九四八年（昭和二十三年）当時、戦災孤児収容施設『聖母の騎士園』は、長崎市の南の郊外、小ヶ倉の三菱工員寮跡に移っていたわけだが、少年たちの理想的な環境としては、新しい土地と建物が必要であった。そのために、新たに小長井に土地を得たのであっ

た。東京で戦災孤児ら窮民を全部収容できる場所を捜し求めていたゼノさんにとって、長崎県小長井に広大な土地を得たことは、その夢を実現できる一歩でもあったのだ。

七月、「少年の町」建設のため『聖母の騎士園』の園児の中から十四、五歳以上の園児らと、若い修道士、神学生ら五十名が先発隊として、草深い山に登った。宿泊は小長井村の公民館にゴザを敷いてのゴロ寝である。ゼノさんが各地へ飛んで、寄付をあおいで集めてきた材木などは、山奥すぎてトラックが入らないために、一本一本かつぎあげて、二キロもの道なき道を運んだ。

この年の十月二十五日付『毎日新聞』長崎版に、この「少年の町」建設に全力を傾けるゼノさんの姿が報じられていた。この記事は、当時長崎市にいてゼノさんと一緒に小長井の現地を訪ねた高橋茂さんという新聞記者の書いたものだ。

《「可哀相な子供たち、みんな私のところへいらっしゃい……」東京、大阪をはじめ全国の都会を巡って浮浪児たちに呼びかけるゼノ神父は、いつもにこにこ笑って街の子供たちの心の太陽、時には可哀相な大人たちまで拾ってくるので遂に、ゼノ神父のいる孤児院長崎市本河内町『聖母の騎士園』は、全国から集まった二百名近くの孤児達でいっぱいになったので同県北高来郡小長井村に敷地百二十町歩の少年の町を作ることになり、目下建設に着手している。このほどゼノ神父と一緒に記者はこの少年の町造りを見た。

……昼なお暗い松林をしばらく行ったところに一・二町歩開拓された平地があった。そこを中心に百二十町歩の山が少年の町の土地だ。中ほどに石を築いたうえにマリアの像が清らかな姿で立っている。ゼノ神父はその前にひざまずいて十字を切った。「ああゼノさんだ、ゼノさんが来た」孤児達がうれしそうに飛んできて、てんでにゼノ神父にあいさつする、その顔はとても明るい、子供たちの胸に十字架が光っている。

「あの山の頂上に礼拝堂が出来て、そこの平地には学校が出来ます」

ゼノ神父の目は希望に輝いた。やがては全山が近代的な文化街となり、数百名の孤児達が喜々として遊びたわむれる姿を思いうかべているようである……》

新聞には、ゼノさんが建設中の建物を背景にして、まっ先に建てられたマリア像の前に立つ写真を載せていた。いかにも誇らしげなゼノさんの姿だ。戦災の街にいる浮浪児のあの子もこの子も、ここにきて住めばきっと幸せになるという思いが、ゼノさんの胸をいっぱいにしていたに違いない。

東京に出て、田園調布の教会から上野や銀座、新橋などに浮浪児を求めて歩く日々を送っていたゼノさんには悩みがあった。それは、ただ施しを与えるだけでは、ドン底の生活をつづける窮民たちを真に救ったことにはならないのではないか。——というものだった。

だからゼノさんにとって、この「少年の町」づくりは大いなる希望であり、なんとしても実現しなければならないことだった。

「少年の町」というのは、米国のフラナガン神父によって始められた、孤児らの更正施設運動でもあった。ゼノさんは、このフラナガン神父がおこなっていた「少年の町」運動に大いに影響されたのである。

米国で三十三年間に五千五百人もの戦災孤児らを、立派に成長させてきた「少年の町」の創始者、フラナガン神父が、占領軍の招きで日本にやってきたのは、一九四七年（昭和二十二年）四月だった。

フラナガン神父は、助手パイロン・リービとともに日本の主要都市、京都、大阪、神戸、高松、熊本、長崎、呉、広島、札幌、函館、仙台、日光、宇都宮、大宮などで講演し、福祉という言葉がまだない時代の日本列島に、戦災孤児救済の気運をつくりあげていった。

このフラナガン神父の来日をうながしたのは、占領軍最高司令官マッカーサーだった。彼は熱心な聖公会の信徒として有名であり、彼は、新生日本における宗教は、キリスト教でなければならないと考えていた人物である。マッカーサーのこうした腹案の大きな柱の一つとなって、フラナガン神父は日本にやってきた。新生日本の福祉政策の手本とし、また宗教的宣伝をはたす人物として来日した。

全国の福祉施設を廻って講演して歩いたフラナガン神父は、各地に「少年の町」ブームをまき起こした。

「日本の少年も世界のどの国の少年もみな同じ神から生まれている。みな同じ目的、同じ使命を持っている。愛すべき子供であり、愛されるべき子供である。家なき子供や親に捨てられた子供は、どんなことがあっても寒さと飢えから救わなければならない。まず住居と最小限度の保護が与えられなくてはならない！」

フラナガン神父の情熱的なメッセージは、指針やプログラムを持っていなかっ

長崎小ヶ倉に開設した「聖母の騎士園」の
子供たちとフラナガン神父（中央）とゼノさん（前列左端）

た当時の日本の福祉関係者に強い影書を与えた。

フラナガン神父がアメリカで成功させていた少年の町《ボーイズタウン》の運動は、〝少年たち自らがその「少年の町」を運営する〟という画期的なもので、町の代表は少年たちの選挙で選ばれ、ボクシングやフットボール、バスケットなどさまざまなスポーツのチームがつくられ、図書館も自分たちで委員を決めて利用しあい、すべての運営を自分たちが選んだ各委員で決めて行くというものだった。

「少年の町」には、これを監視

する大人はいなく、五百人にもおよぶ少年たちが立派に学校に通って、「少年の町」の出身者であることを誇りにさえしているというものだった。

フラナガン神父の熱弁はつづいた。

「日本には資金もなく、少年教化の根底となる宗教心も薄いと聞いているが、しかし、破壊だけをもたらす戦争にあれだけの大金をつぎ込んだ国ではないですか、どうして子供の家をつくるわずかな金が出せないことがありましょうか！」

会場を埋めた人たちの心をつかんだフラナガン神父の講演は、割れんばかりの拍手を受けていた。

社会の窮民救済に対する理解のなさをイヤというほど知らされ、ただ施すだけでは限界があると骨身にしみて感じていたゼノさんにとって、このフラナガン神父の来日は大きな励みとなった。

四月に来日したフラナガン神父に、ゼノさんが会ったのは、五月九日のことである。長崎の小ヶ倉にゼノさんたちが開設していた『聖母の騎士園』にフラナガン神父が訪ねてきたとき、ゼノさんは彼に会った。

院長のミロハナ神父をはじめ、ペトロ石橋さんも、子供たちがお父さんと呼んでいた寮長の深堀勝さんも、騎士園の運営に日夜奮闘していた指導員たちもフラナガン神父の説をじっくりと聞いたのである。

　私の手もとに、フラナガン神父を中央に、「聖母の騎士園」の子供たちとその指導員たち全員が写っている一枚の写真がある。ゼノさんが大事に保管していた写真で、みんなニコニコと二百名ちかい子供たちの笑顔でいっぱいだ。

　このフラナガン神父の来日は、アメリカ式福祉活動を日本に教える絶好の機会となったばかりでなく、キリスト教をベースとした社会事業をうち立てるのにも好影響をおよぼした。占領軍支配下の日本政府は、戦災孤児及び窮民救済については、ほとんどなにほどのこともなしえていなかった。国家予算も組まず、実態調査もなしえず、即応した救済活動をやりえないでいたが、このフラナガン神父の来日で、それまで非常に無関心だった報道機関が、この機会を通じて戦災孤児の存在にスポットをあてるようになったのである。

　ゼノさんは、その報道機関の動きに目をつけたのだ。フラナガン神父が全国を廻って、「少年の町」ブームをまき起こした裏には、各地方の新聞が彼の説をこと細かにくりかえし報道した効果によるのだ。

ゼノさんは、このマスコミの力を再認識し、これを大いに利用することにした。自分の活躍している姿が載った新聞を何部もかかえ持ち、寄付を求めるときの道具に使ったのだ。

この〝マスコミ利用〟の先輩は、実はコルベ神父だった。コルベ神父はその布教活動の方法として、新聞や雑誌、ラジオ番組をつくって広くポーランド中の信者を獲得して、世界一といわれた修道院をつくった実績をもっていたのである。自ら印刷工場を持ち、何百万というパンフレットを製造していた。一九三〇年（昭和五年）に長崎に渡ったコルベ神父と、ゼノさんたちがまっ先に布教用雑誌の印刷にとりかかったのも、マスコミの力をよく知ってのことだったのだ。

ゼノさんは、自分で文章を書くということをしなかった。ゼノさんはもっぱら、大手の報道機関に自分の活動を写真にとってもらい、記事に書いてもらう。その記事を持って寄付集めをするというものだった。

私は、ゼノさんを知るために、ゼノさんの活躍を伝える新聞記事を発見することに多くの力をそそいできたが、いま私の手もとには、四百枚におよぶ新聞コピーがある。ゼノさんの活躍を伝える報道の回数がきわめてはっきり増えているのは、フラナガン神父来日の後である。

ゼノさんには、このフラナガン神父の活動をうわまわってやろうという執念でもあったかのように、その後の活動はすさまじいものがあった。

私の発見した最初のゼノ報道の『長崎日々新聞』（一九四七年八月八日付）では、写真が主で、数行のキャプションがついているだけだったが、長崎の戸町に移った『聖母の騎士園』の子らとともにゼノさんが子供にかこまれて写っている写真が載っていた。

占領軍（ＧＨＱ）時代の報道紙面は、

現在のように世の中のすべての事柄がことこまかく載ってしまうという時代ではない。多くの本質的で大事な事柄が切り捨てられ表に出ないままになるという不公平な時代である。ある意味ではそうした福祉関係は載らない貴重な紙面に写真と記事が載りつづけるということは、大変な宣伝力になったのである。

後に〝新聞神父〟と椰揄されるほど、新聞を利用したゼノさんの活躍を記事に求めて、その足跡をさらに追って見てみよう。

京都東舞鶴で

〝駅の孤児らを慈しむ。少年の町の資金集めのゼノ神父〟

フラナガン神父が日本を去った二ヵ月後の八月二十二日付『西日本新聞』に、福岡駅前で戦災孤児を抱きかかえるゼノさんの姿が、写真入りで載っていた。

《この老人は長崎市本河内

町に、三百人を越える孤児をかかえ、日々愛の手を差し伸べる騎士修道院のゼノ神父（五十七歳）であって、この修道院は、フラナガン神父を迎えてから日本一の「少年の町」建設を計画したものの、先立つものは資金と資材、このためゼノ神父も資金集めに狂奔していたが、その間、寸刻も頭から離れなかったのが、博多駅を根城にして放浪生活をつづける孤児の姿だった。熊本で一人拾い、博多駅では、アカで汚れた子供を抱きあげ、おみやげの乾パンを分けてやった。すっかり板についた日本語で、修道院行きを勧め、次の目的地、唐津に向かったが、孤児を救うため一般の人々の愛の手をお願いする、と次のように語った。

「私のところはすでに三百人以上もおり、家や設備が少ないため、思う存分の仕事ができないだけでなく、これ以上養育することが困難だ。神父の来院によって少年の町建設の計画を一層固めた。資材でもいい、資金でもよいから、一般の人々が心からの贈物を孤児に下さることをお願いします」》

ゼノさんは、八月二十一日昼さがり博多駅前に出現し、裸の戦災孤児らに乾パンをわけ与えた後、その足で市役所に乗り込み、市長に面会を求め、戦災孤児らの救済活動について意見を述べた。そしていまだ福岡駅周辺にいる子供たちを収容保護して欲しいと訴えた。

つづいて、『西日本新聞』同年九月十四日付である。これも写真入りで東京日比谷でのゼノさんの姿を伝えている。

《長崎市本河内町一九六に、三百人を越える孤児をかかえ、日々愛の手をさしのべている騎士修道院のゼノ神父は、長崎、熊本、博多などをめぐって孤児救済につとめ、上京中だったが、本社宛に、次のような手紙と写真が送られてきた。

「この写真は東京の日比谷公園で会ったかわいそうな子供たちです。目黒区上目黒に収容所の場所を見つけました。広さは四千坪あります。……」とあり、場

所は見つかったが資金がないため奔走している旨がしるされてあった》（福岡）
ゼノさんの行動パターンは、まず、新聞社を訪ねることから始まった。今日はどこそこの、可哀相な子供たちに衣服をやりますから、写真に撮って下さいと、カメラマンと記者をともなって、その現場に出かける。掲載された新聞記事と写真をもらって、それをスクラップにする。それを寄付をもらう先々で見せ、こんなに可哀相な人たちがいるんだと、自分の活躍話をおりまぜながら寄付を乞う、これがゼノさん流、寄付集めの方法であった。
「でも、本当にゼノさんてすごいなと思ったことがあります。ゼノさんが新聞の切り抜きを私に渡して、これを下駄屋に持って行って見せれば、下駄を三十人分くれるから、もらってきてくれっていうんです。
赤羽教会のすぐ近くの下駄屋さんでした。私は、ちょっと半信半疑で、その下駄屋さんに行ったんです。ゼノさんに頼まれて、この新聞を見せるようにいわれましたといって、ゼノさんの記事が載っている新聞を差し出すと、そこの主人が、あっそうですかといって、本当に三十足の下駄をポンとくれました。へー、ゼノさんてすごいんだなーと感心しました」

赤羽教会の日曜学校を手伝っていた、大志保さんの思い出である。

新聞、ラジオの力は大きかった。新聞で読んだといってゼノさんをこの赤羽教会に訪ねてくる例がいくつもあった。

母親を失ってから、ぐれだした子を持つ父親が、十歳ぐらいの男の子を連れてゼノさんを訪ねてきた。「この子はすなおな子だったんですが、母親が死んでからは、他人様のものを盗み、警察のお世話になるようになりましてね。それでひと思いに殺してしまおうと手をかけた瞬間にゼノ神父様のことを思い出しまして、ああ、あの人ならきっと助けてくださると思って連れて来ました」といって、子供の養育まで頼みに来たのである。

ゼノさんが、小長井の「少年の町」づくりに本格的に取り組むことになったのは、一九四八年（昭和二十三年）六月以降である。

私はここで、一九四八年八月以降十二月までの新聞記事をまず示し、次に、「少年の町」建設に奔走するゼノさんの姿を証言で追ってみたいと思う。

■八月十一日―長崎駅で材木運搬、神学生らと貨車に積み込む。

■九月十六日—長崎駅で非番の警察官の協力を得て、小長井の「少年の町」建設資材を積み込む。
■九月十七日—諫早駅で発見された、戦災孤児Y君（十三歳）が、ゼノさんの手もとに引き取られ、『聖母の騎士園』へ向かう。

東京・日比谷公園に集まってきていた孤児たち

■十月×日—小倉駅で五十歳の浮浪者を保護、ゼノさんに連れられて、長崎の『聖母の騎士園』で働くことになる。
■十月二十三日—ゼノさん、小倉大阪町の市場で物もらいをしている、眼の悪い浮浪児（十二歳）を発見、八幡の育児園へ。
■十月二十五日—ゼノさん、小長井に建設中の「少年の町」に、『毎日新聞』記者を案内。
■十一月二十日—上野のガード下で、浮浪者A（三十一歳）を保護、生活相談にのる。

■十一月二十五日—東京駅で煙草拾いをしていたS少年（十三歳）を保護、駅前保護所へ。同日—十二歳から十五歳の少年少女数名を保護。パンと着物を与え、大場収容所へ送る。十一月三十日—上野で故郷に帰りたいという八人の浮浪者を、知り合いの記者がいた朝日新聞社に連れて行き、食事を与え、故郷までの切符を買ってやり、おのおのを見送る。

（この年の九月、占領軍総司令部は、三重苦の奇跡の人、ヘレンケラーを米国から招き、アメリカ型福祉活動のＰＲにつとめている）。

「最初、ゼノ神父とお会いしたのは、昭和二十三年の夏だったと思います。そのころは、騎士園までの道も泥んこで、足場の悪い坂道が四里もありました。小長井駅で夕方下車されて、子供たちを連れて町役場の二階に一泊され、翌日登られるのが常でしたが、蚊帳がないので大変でしょうと申しますと、米国産の噴霧液を持っているから大丈夫、寝れますと申されましてね、へーさすが外国人は違うな……と思ったもんでした……」

「少年の町」が建設されることになった小長井村で、当時助役をしていた馬渡広雄氏の言葉である。当時、まだランプ生活だった草深い村のさらに奥へ、道と電気が通ったのは、ゼノさんのおかげだとも証言していた。

道なき道、そこに資材を運ぶには、まず林道をつくらなければならなかった。林道をつけるのは農林省の管轄だということがわかると、ゼノさんは東京へもどった。農林省を訪ね、忙しいからと取り合ってくれない役人に、何度も何度も声をかけ、例の新聞の切り抜きを示しては、林道をつける予算を計上してもらうようにかけ合うのである。

次いで電気である。東京の赤羽で教会を建設した折、そこの電話工事をしてくれた親切な電話技師に、配線工事の見積りと、配電施設工事会社を紹介してもらった。そしてついに大阪の住友本社で電線を五トン、さらに電柱、トランス、タルキ、碍子《がいし》などを、福岡の九州電力や、佐賀や熊本、そして地元の長崎などにあった電気会社を廻って寄付してもらった。

さらにゼノさんは、少年たちが住む校舎を建てるための材木を得るために、九州中の製材所を歩き廻ったのである。佐賀県久留米市の隣町、八女町（現在は市）には、大きな製材所があり、材木の町だった。矢部線の黒木町あたりから積み出された材木がこの町で製材され、さらに全国に運送されていた。

一九四八年（昭和二十三年）秋から一、二年、ゼノさんはこの製材の町、八女町を頻繁に訪れた。小長井の「少年の町」建設の資材として、あるいは家なき人々の小屋を建ててやるための材木を求めて、ゼノさんはこの町に足しげく訪れたのである。

ゼノさんは、この町で若い女性と巡り会っていた。そしてこの若い女性の助けを借りて、次々と材木を運び出したのである。

佐々木恵美子さん。当時十八歳だった彼女は、八女町にあった二つの映画館で場内アナウンサーの仕事をしていたが、町の路上でゼノさんに呼びとめられた。

「そのころ、私は叔父が映画館をやってましたので、手伝いをしていたんで

「少年の町」建設用材木の寄付を受けるゼノさん

す。通りがかりのゼノ神父さまに声をかけられたんです。

白いひげをはやして、大変年寄りに見えました。ゼノ神父様は私に、日本のみなし子のために助けて下さいとおっしゃるんです。泣きながら私に、どうか助けて下さいといわれました。私も満州ら引き揚げてきて、苦労してましたから、親のない子供たちは可哀相だと思い、できればなにか奉仕活動をしたいと考えていましたから、ゼノ神父さんの手助けをすることにしたんです。

そのとき思ったのは、外国人が日本人の子供のために、こんなにまで一生懸命になっている。

日本人である私たちは、もっと奉仕活動をしなければという思いでした。

私はそれからというもの、ずっとゼノ神父さまが久留米の方にこられたときは、あっちこっち一緒に廻って、いわば通訳のようなことをして歩いたんです。

ゼノ神父様の言葉は、片コトの日本語でよくわからないんです。『マリア様ヨロコビマス』だけはわかるんですが、寄付をお願いして歩くときに、よく肝心なことが相手に伝わらないので、私が神父様の申し出はこういうことですよと、口ぞえをするんです。それが私の役割でした。最初のころ、たしか昭和二十四年ごろだったと思いますが、一ヵ月のうち半分は、こっちの方にきて礼拝所や、小学校、中学校、あるいは久留米の商店街などを廻って歩きました。

ゼノ神父様は、校長先生のことを、『ガチョウサン、ガチョウサン』というので、先生方は笑ってしまうんです。ですから私が職員会議などに出て、ゼノ神父さんの代弁役をしていたんです。学校では、下着類とか古着などを集めてもらい献金もしてもらいました。久留米の商店会では、ランドセルや靴を寄付してもらったんです。ずいぶん廻りました。

一番多かったのはなんといっても材木でした。原木を製材すると皮がついた板切れができるでしょう。あれをもらって、貨車で長崎や大阪や東京にまで送ったんです。焼け出されて橋の下に住んでいる人のためだからといって貨車ごと送り出したものです」

佐々木さんは、現在も久留米市で老人福祉のボランティア活動をしているという。

それはゼノさんが、自分に教えてくれた道だというのである。この心のきれいな佐々木さんは、田園調布教会でのシスタークララさん、あるいは赤羽教会での少女会の大志保さん、さらに後に登場する「蟻の街」のマリアこと北原怜子《さとこ》さん、あるいは長崎の「蟻の街」の吉田京子さんら、ゼノさんの仕事に共鳴してその助手として働く優しい少女「マリア」たちの一人であった。ゼノさんの純粋な魂は、彼女らの心を揺り動かして、手助けせずにはいられない心の高まりを覚えさせ、次第によきアシスタントへとみちびいて行った。

その時の話である。ゼノさんが、どんなに他人の心をとらえてきたか、この時期の材木集めに奔走するゼノさんのエピソードをもう一つつけ加えたい。

私は、ゼノさんと戦災孤児が写っている一枚の写真を手がかりに、消えた戦災孤児の取材を始めたのだったが、その取材先の長崎県庁前の坂道に商店を開く熊井さん宅で聞いた話というのは、次のようなものだった。長崎駅の近くのもんてつ商事長崎支店に勤務していた長崎江戸町の熊井定男さんは、大陸から引き揚げてきて、しばらくの間、材木商に勤めていたことがあった、その時の話である。

「ゼノ神父は、五、六回会社に見えたと思います。困っている孤児たちに家を建ててやるんだということで、寄付を求めてこられましてね。うちの支局員と相談して、資材を運んで行きました。そんなとき、トラックに運ぶのを手伝ったんですが、見かけは老人のように見えましたが、大きい材木をヒョイとかついで自分からどんどん運ぶんですね。その姿がなんともいえず人をひきつけましたね。ドタ靴をはいてね、自分の身はまったく飾らずに、たんたんと材木を運ぶんです。当時、下で働いている人夫というのは、上の者が怒って使うもんだということで、自分から進んで仕事をするというふうじゃなかったんですが、その人夫たちが、ゼノさんが来ると自然に、自分たちから手を出して手伝うんですね。それはゼノさんが、その人たちをいたわるようにして手伝ってもらうから、人夫の方で慕うんですね。ゼノさんを慕う人夫の姿を見て、私は感動しましたよ。

ゼノさんの姿を見かけると、休んでいた人夫たちが寄ってきて、『オヤジさん、何か出すとですか』といって率先して荷の運び出しを手伝おうとするんですよ。私はゼノ神父さんの力というものは大変なものだなぁと思ったですね」

これはゼノさんの底力（人間力）というものを示すエピソードである。

ゼノさんは、このようにして、とても一個人では実現できない、あるいは一教団の力で果たしえない大きな事業を実現させていったのです。それもこれも放置された戦災孤児らに救いの手を差し伸べようとしてのことであった。ところが、小長井に確保した広大な土地に、「少年の町」を建設しようと大奮闘しているさなかに悲報がとどいた。当の子供たちが大火にあって焼死するという悲劇が発生したのだ。ポーランド人修道士たちが経営していた、小ヶ倉の『聖母の騎士園』が全焼したのである。一九四九年（昭和二十四年）一月十七日。敗戦後四度目の正月のことであった。

「浮浪児狩り」と子供の反乱

「あの夜は、私が宿直で電話を受けたんです。『ただいま、騎士園が火事でありま す』と軍隊式の報告を受けたんです。当時、兵隊から職員になっていたTさんが火事を通報してきたんです。

私は、すぐミロハナ院長を起こしに行って、それから、修道院にはあのころ、米軍からもらったジープがありましたので、運転ができるポーランド人のビクトル修道士を起こしに走りました。三人でジープに乗ってフルスピードで小ヶ倉の騎士園に向かったんです。

ゼノさんは、東京に行ってましたから、火事の日のことは知りませんでした。夜空が真赤になってましたね。現場についたときはすでに焼け落ちていて、子供がいる、いないと大騒ぎでした。朝方になって子供の焼死体が見つかったんです」

本河内の修道院にいて、小ヶ倉にあった戦災孤児収容施設『聖母の騎士園』の寮が炎上したと最初の電話を受けたフランシスコ中村修道士は、火の粉をあびて茫然としている指導員と難を逃れた上級生が、〝前へならえ〟と号令をかけて、震えながら整列していた姿をいまでもよく覚えているという。

「私はその夜、四十度も熱を出した子供につき添って、長崎の大学病院にいました。

私の弟もそのころ、騎士園にいましたので、これは大変だと思って、急いでもどってみました。着いたときは、もう朝方になってましたけど、霙《みぞれ》の降る、とても寒い夜でしたね。指導員の先生たちは、とみると、ほとんどの人の服が火の粉をあびて、あっちこっち焼け穴があいているんです。これを見て、先生たち、さぞかし大変なことだったろうと思いました。私はまず弟を捜しましたが、幸い無事な姿を見つけて、ホッとしました。後で弟に聞いた話では、廊下の床が熱くなって歩くにも歩けず、ウロウロ、オロオロするばかりで、どうにもならなかったそうです。あのとき、ずいぶん子供が死にましたが、みんな一ヵ所に折り重なっていたそうです……」

起こってはならない恐ろしいことが起こったのである。

私はこの火事のことを書いた新聞記事を長崎県立図書館で捜し出した。『長崎日々新聞』は、大火の模様を大きく掲載していた。

《十七日午前一時二十分ごろ、長崎市上戸町上郷孤児収容所『聖母の騎士園』食堂から発火、吹雪まじりの風速五メートルの強風にあおられて、消防自動車がかけつけたときには、すでに騎士園木造かわらぶき二階建四棟（延べ九百五十坪）を焼きつくし、さらに、隣接の戸町新中にも飛火し、新設まもない木造のかわらぶき平家建一一棟（百六十坪）の校舎、及び、三菱造船所管理の非住家、木造かわらぶき二階建四棟（九百六十坪）合計十棟、延べ二百八十坪を全焼、同二時二十分ごろ鎮火した。原因は、ノコクズストーブの火の不始末からららしく、損害は建物だけでも、約二千八十万円、内容物その他八十万円、計約二千百六十万円の巨額に見込まれ、一昨年一年間の、火災全損害額千五百四万円相当を、一夜の内に煙に化してしまった。逃げおくれた孤児七名は、焼死、午前中に死体は発掘された》

焼死した七名の名前と年齢が書き添えてあった。年齢は次のようだった。十四歳が一名。十三歳が一名。十一歳が二名。十歳が三名。

罪なき子供たちが、戦争の犠牲になり、あげくの果てに、短い生涯を焼死で閉じるというこの惨事は、痛ましい限りである。新聞は一週間にわたり、その後の葬儀の件や、行き先に困った園児らが、各地に一時分散して行ったことなどを伝えていた。

私は、この火事のことについてもう少し、はっきりと知っておきたいと思い、元指導員の人、『聖母の騎士園』園児だった人、保母さんや教会関係者に聞いてみた。

その夜は、いつもと同じように、各班ごとの班長十二名が、寮の一階にあった食堂に集まって、赤々と燃えるダルマストーブを囲み、午後八時半から予定通り、一日の反省会を開いていたという。

食堂の天井には、一ヵ月前、子供たちが一年中で一番好きだという、クリスマスを祝う飾りつけがそのままになっていた。

華やいだ祭りのなごりが惜しいかのように、年があけても、そのままにつるしてあった。飾りつけの紙テープが、木造の古い校舎に吹き込む隙間風に揺れて、カサカサと音をたてていた。

「あの夜は、雪がチラつく寒い晩でしたよ」と誰もが覚えていた霙《みぞれ》の降る寒い夜だった。

反省会が終わるころ、指導員の先生が、教訓話を聞かせていた。七匹の羊の話だったという。十二人の各班長たちが、二階の部屋にもどって床についたのが十時すぎ。

火の手は、その三時間半後に、食堂付近から上がった。メラメラと赤青黄色の飾り紙細工が、あっという間に焼け上がり、乾燥しきった木造二階建ての校舎は、たちまち火の海となった。

「火事だ！ 火事だ！」

「起きろ！ 起きろ！」

ドタバタと子供たちが、二階からころげ落ちるように逃げ出す。あっちこっちで、怒声が聞える、「布団を出せ！ 各自は布団を持って出ろ！」煙が上ってくるので立ちつくしたのだろう、「早く逃げろ！ こっちだ、こっちだ！」と絶叫が聞える。

ゴーという火焔うずまく轟音が、乾燥しきった木造の校舎をひとなめしていく。バシッ！と木の割れる音、舞い上がる火の粉、逃げ泣きじゃくる子供の悲鳴が、煙の中に消えかくれする。

このとき、無事な姿で運び出されたマリア像と引き換えるかのように、七人の幼い命が火焔の海にのまれて死んだのである。

「手ぶらで逃げていれば、みんな助かったはずなんです。いったん逃げてから、布団を持ち出せって声がして、また取りに帰ったので、火にまかれたんですよ」ある元園児が私にそういった。また別の元園児は、「クリスマスのプレゼントを取りに帰ろうとしたんですよ。オモチャなんか頭の所においてあったからね」ともいう。物もなく親もない孤児らが、年に一度のクリスマスプレゼントを失いたくないと、再び取りに帰ったというのが痛ましい。

小長井の山の中に立派な「少年の町」をつくろうと奔走中だったゼノさんにとって、これはあまりにも残酷なニュースであった。

しかし、この火事の背景には、〝悲しい出来事〟だったではすまされない恐ろしい事実が存在していた。ずっと後に判明したことであるが、出火の原因は、当の園児による〝放火〟だったという事実があったのである。敗戦後、街に捨てておかれた戦災孤児をいち早く救済してきた神に仕える人々によって運営されていた宗教的な雰囲気の中で、〝放火〟という事実が生まれてしまった。

当時、実質的な園長だった深堀勝氏が、『聖母の騎士園』の園児たちが、いかに宗教的な愛の雰囲気の中で一日を過したかを語っている。

「……さて彼らの一日の生活を申しますと、私が手を打って〝マリア〟といいますと、〝マリア〟と元気よく答えて飛び起きます。

これはマリア様に一日の御加護を願うのです。ミサ拝聴、食事、学校へ行く子が出て行くと、家に居る子は掃除、台所の手伝い、畠の仕事などいたします。

二時頃、学校から帰るとルルドのあたりを掃除して祈りと讃美歌を捧げ、六時半には聖堂で日本に真の平和が到来するようにと捧げられる聖体降福式にあずかる。神学生が公教要理や聖歌を教える。

寝るまでのひとときは、それが彦山に月の昇る宵であれば、手に手に団扇を持って、延《の》べた筵《むしろ》に円く坐ってかくし芸をする。九時頃、一日を感謝し、父母の冥福と恩人の幸福を祈って床に就く。

駅からくる子もかなりありますが、恐ろしくなるほど汚れて、心の荒んでいるものもあります。子供がくると必ず、聖堂に連れて行き、ここへ導き給うたことを感謝し、将来の幸福を神様に祈らせます。

一週間もたって短い祈りや、歌など口にするようになれば、目立って暗い影は消えて微笑が浮びます……。ある子は、『お父さん、神父様にならして下さい。死んだお父さんやお母さんの冥福が祈りたい』といってました。

『聖母の騎士修道院』は、キリストの『金袋を身にすることなく、二枚の下着を持つこと勿れ』のお言葉を遵奉《じゅんぽう》し、無一物を生命としていますので、もちろん基本金もなく、その日その日を神にゆだねて過します。……」(一九四六年〈昭和二十一年〉十月六日付カトリック新聞『孤児のパラダイス』より)

愛に満ちていたはずの孤児のパラダイスに巣食っていた子供たちの殺意――私は、放火犯人が、そこに生活する園児だったというショッキングな事実の裏には、なおも救われず、孤立する園児たちの真の姿を認めないわけにはいかないという思いがした。

放火事件の後も、犯人である園児は、そしらぬ顔をしていたそうだが、ある夜、その子は自分が火つけ犯人であることを寝言でしゃべってしまった。夢にうなされて口走ってしまったのである。この大声はり上げての寝言から、その園児は真相を告白したという。

普段は大人しい方の園児だったと誰もがいった。

私は、『聖母の騎士園』を巣立った卒園者からこの事実を聞き出したとき、東長崎のタクシー会社に勤務するOさんが、〝いまもなお、胸の裡には復讐してやりたいような気持ちがある〟と語った、戦災孤児としてその後を生きなければならなかった者の奥底の心を改めて理解したのである。

なんの罪もない幼い子供が、ある日突然、不幸のどん底に落とされ、過酷な生活を強いられたら、まずもって覚えるのは腹の底からわき起こる〝抗議の感情〟

であろう。両親の愛を一身に受けていた幼い未完の子が、突然ポンとつき離された上に、強圧的な生活を強いられたら、どんな子だって反逆的な怒りの感情だけを増長させてしまうのだ。

「イヤー、実際、本当に皆悪かったですよ」子供のころを回想する卒園者たちは、ワルだった日々を苦い思いでふりかえった。大人でさえ、犯罪スレスレの日常生活を送るしかなかった敗戦直後の日々。生きる手段を持たぬ子供らに、ワルになる以外どんな道があったというのだろうか。

『聖母の騎士園』を卒業した○さんや森田巌さんたちに、園時代を回想してもらった。

支給される衣服も学用品も、持参しなきゃならない弁当も、家から通うどの子供たちのものより一段も二段も見おとりした。いやおうなくわかってしまう〝孤児院の子〟。どんなに指導員を「お父さん」「お兄さん」と呼んでいても、外の目には〝孤児院の子〟でしかなかった。

同情すべき可哀相な子供たちの集団は、同時に、手に負えないワルたちの集団にもなるのだ。同情の目はフッとした瞬間に白い目に変わる、その変わった毒のある目に敏感に傷つくのも、また純心な子供の目であった。

支給された青い服は、「ヤーイ囚人服」とはやしたてられたし、お昼の弁当はトコロテン。そんなときは、はずかしいからと学校に行かずに海辺で遊んで日暮れを待ったともいう。授業に遅れて、ますます学校がいやになる。不良になるのは簡単だった。

寮を出て学校に行くアゼ道で、どうせこんなもん学校でははずかしいからと弁当をひろげて先に食べてしまう。自分だけ昼の休みに弁当がない。プイと学校を出てしまう。すると、同じ寮の子供が街の方へ歩いて行くのにぶつかったりする。

「オイ！　どこへ行くんだよ」

救われたような気持ちで、先を行くワルの友だちの後について行く。

「学校なんてくそくらえだよ！　うまいもん飲ましてやるからお前もついてこい！」いわれるままについて行く。

原爆で廃墟になった街の工場に忍び込み、鉄クズをあさる。「オイ！　赤いやつ捜せ。銅が一番高いんだから」新聞紙にその鉄をくるんで裏路を通りぬけ、〝朝鮮人の闇屋〟にそれを持ち込む。

「オッチャン、ホルモンくれ」ブタの臓物を焼いたのが出てくる。寮では食べたこともないおいしい肉だった。「どうだ、うまいだろう」おもわず「ウン」とうなずく。

それだけじゃなかった。そのワルは手にサイダー瓶を持っていた。逃げるように街をぬけだし、眺めのいい丘の中腹に出た。

「オイ！ 飲めよ」走ったのでノドがカラカラだった。いっきにサイダー瓶を口にくわえて、「ウェッ！」思わずセキこんだ。中身は密造の焼酎だったのだ。笑いころげる上級生のワル、一緒に自分も笑った。酔っぱらった二人は、草の上で寝て、授業の終わってしまった学校へ鞄を取りにもどった。

寮に帰っては、街で覚えたバクチに興じるのが常だったし、入墨遊びもよくやった。腕に針をさして自分たちで入墨をするのだ。

「確かに僕らは悪かったですよ。勉強は嫌いだったしね、だいいち腹が減って腹が減って何か食べないとどうしようもなかったから、昼は学校ぬけ出し、夜は寮をぬけ出し、夏ならスイカ取り、秋なら山へ入って柿や栗を取って歩くのが日課でしたよ」

一九五〇年（昭和三十年）に、『聖母の騎士園』を卒業したTさんが、二十五周年記念パンフレットに、当時の園での食事がどんな内容だったかを書いている。「本河内（創立）時代――おじやが主食、知る人ぞ知る。『かすり当番』なるものあり、鍋にへばりついてる、残り物のおじやを食べる権利がその人にあり、早く自分の順番にならないかと待ちわびた。

戸町時代――毎日おかゆをすする。〝太平洋に鯨数匹〟とはよくいったもので、おもゆといったほうがぴったりのおかゆで、おかずは千切り（大根の乾干し）だった。

一時、塩にも不自由し、一里ほどもあったろうか、千本松という海岸まで、リヤカーに樽を積み、海水を汲みに行ったことを憶えている。ダンゴ汁や、指の型のついた、かんころダンゴが懐かしく、もう一度食べてみたい。

宿舎からは海が近く、たこ、なまこ、貝類、海草など、海の幸にはこと欠かなかった。宿舎の隣に缶詰工場があり、いまから加工して缶詰にするのか、もう油もしぼり取り、畠の肥料にしかならないものか、たぶん、後の方だと思うが、味もそっけもない肉が、工場の側に干してあり、それをガムみたいに噛んだ。ガムといえば、小麦もよく噛んだ。生《なま》でよく噛みながら、皮を吐き出すとガムみたいになる。まだある、何と呼んでいたか忘れたが、すすきの穂を小さくしたみたいなもので、穂になる前の白くやわらかい実をやはりガムの代用とした。

植松時代——鞄の教科書、ノートを放り出し、柿、栗、すもも、落花生、いも、かんころ、梅、夏みかんなど、をかじった。悪事はすぐばれて、そのつど、先生につき添われて、一軒一軒お百姓さんの家にあやまりに行った。

小長井時代、初期——カッチョ取りが流行した。罠をしかけ、かかった小鳥を、むしって焼いて食った。今日は、金曜日だということを思い出し、未信者の友達にやり、小斉日にかかった小鳥を恨んだ。山鳥が取れなくなると雀取りにかわり、田原小学校あたりまで足を伸ばした。木苺がたくさんなり、バケツを持って取りに行った。山芋掘りもしたっけ……」

植松時代というのは、大村空廠跡から同じ大村市内にあった植松町の古い建物に移ったときの寮時代のことだった。

ここで、またしても悲惨な事故が発生した。年上の男の子のまねをしたのだろう。幼い子が、シスターの目を盗んで台所へ入って盗み食いをした。運悪く、シスターの一人に見つかってしまった。何度、注意してもきかない子に怒りを爆発させてしまった。腹がへって盗み食いに入った幼い子の口に、おもいきりご飯をつめ込んで折檻したのである。それはあまりに残酷な折檻だった。口にご飯をつめ込まれた幼い子は、息ができなくなってしまったのである。

腕白ざかりの、百四十名もの男の子を相手にしていたシスターたちは、連日大奮闘していた。頭のベールをはぎ取るもの、修道服をめくるもの、腕をぐるぐる回して追いかけたり、都会ずれした子供たちには、よく嘘をつかれ、自分よりずっと背の高い大きな男の子を怒鳴りつけて、いうことをきかせなければならなかった。口汚くののしられる修道女《シスター》たち——いきおい折檻は、ヒステリックになった。

「大村時代は、しょっちゅう喧嘩でしたよ。東京や大阪からきたやつは、すごく悪くてね、ヒロポンなんかもやってたしね。シスターなんかバカにしていたからね、シスターの方も手を焼いていたんですよ」

指導員の先生たちは、悪質化する寮生たちに対して、いきおい軍隊式のビンタを見舞うことになった。結局は、軍隊帰りのバリバリの元兵隊が役に立つということになってしまっていた。愛の国、『聖母の騎士園』もまた鉄拳制裁から無縁ではなかったのである。しばしば美談風に書かれてきた〝可哀相な子供たち〟に対する生活指導は、その実、最も有効な手段であるビンタに頼っていたのだ。

子供たちの心をとらえたゼノさん

全国のあらゆる孤児収容施設で、このビンタが、少年たちを支配管理していたのは事実だった。兵隊帰りの男の力でガツンとやらなければ、ワルを押さえることはできなかったのである。どんな愛の言葉より、指導員たちは、結局、鉄拳にまさる方法を見つけ出せなかったのである。

年々増加の一途をたどる浮浪者に対して、その収容施設も増えていったが、子供たちは収容施設での鉄拳支配を恐れて脱走をくりかえしたのである。全国のどの収容所でも、その日常生活は、号令と鉄拳によって組み立てられ、元大日本帝国の軍人だった大人たちが、ワルの少年たちを取っ捕まえて、自分たちがやられていた方法で制裁されたのだ。

旧日本軍を支配した鉄拳のプロが、少年収容所ではばをきかせていたのである。

長崎市岩屋町にできた孤児収容施設「向陽寮」は、県の直営のもので、一九四八年（昭和二十三年）四月に開設したが、その初代寮長を務めた餅田千代さんは、子供たちはよく脱走し、闇市で働くことを好んだと、当時をふりかえって話してくれた。

「あれは、米国からきたフラナガン神父さんの『少年の町』運動に煽《あお》られて、県がつくった施設でしたよ。あのころの子は、三日くらいしかいないんです。みんな逃げちゃうんです。

『聖母の騎士園』からもよく逃げてきてました。どうして逃げてきたのかって聞くと、お祈りがつろうて、ヒザが痛くなってかなわないから逃げてきたっていうんです。

でも子供たちはよく嘘をつきましたね、名前も、身上話も、嘘なんですね、あとでビックリすることがよくありました。東京の上野からも、四、五人がきていましたが、その子たちは、すぐいなくなりました。県の職員も、あれは居着かないな……なんていってました。

都会からくる子は、スレていましたからね、すぐ出て行って、闇市《やみいち》なんかにもぐってしまいましたね。逃げ出した子供たちの中には、子供だけで、ちゃんと闇市で店を出していたのもいましたよ。

漁船が長崎港に入って陸上げするでしょう。そのときに、周囲へ魚がこぼれ落ちるわけですよ、その魚を拾って集めてきて、仲間のリーダー格のところへ持って行くんです。リーダー格は、持ってきた子供たちに金を支払ってやり、それを店に出して高く売るんです。五、六人でね、『オレタチ会社形式でやってんだ』なんていってましたよ……」

私は、一九四九年（昭和二十四年）一月に、小ヶ倉で起こった『聖母の騎士園』放火事件が、単に一孤児収容施設の例外的な問題ではないことを知った。

敗戦後、GHQの指導で児童福祉法が成立したのは、一九四八年（昭和二十三年）五月一日である。この法律の成立によって、増加の一途をたどっていた〝浮浪児〟が、「狩り込み」という名で強制収容されるようになった。子供たちは、街から追い出され、人里離れた収容施設へと送られる。この強制収容政策が、どんなに子供らの心を凍りつかせるものであったか、『聖母の騎士園』放火に少年の気持ちと連動するかのような脱走事件が各地で起こっていたのです。

同年二月から八月までに発生する脱走事件を新聞記事を拾って次に示そう。

■二月、千葉の収容所「八街学園」で体罰事件発覚。

■二月二十四日、東京杉並の「東京少年監護所」で収容児が放火、八十四人が脱走。

■三月六日、「東京少年監護所」より四人脱走。

■三月四日、仙台市田町の路上で十五歳の戦災孤児が遺書を残し、カルテモンを飲んで抗議の自殺。

■三月十二日、「東京少年監護所」放火、建物全焼。六十六人脱走。

■四月二十四日、福島「東北少年院」放火、三十一名脱走。

■四月二十六日、「東北少年院」で火事騒ぎ中に二十三名が脱走。近くの「監護所」からも六名が脱走。

■五月一日、配転された教師を慕って、二少年、東京の収容所を脱走。

■五月二十八日、東京で補導された少年の告発で、八丈島沖の小島で孤児たちが、奴隷労働をさせられていることが発覚。
■八月十一日、東京「多摩少年院」放火、三十九名脱走……。

警察と役所によって繰り返しおこなわれる〝浮浪児の狩り込み〟のそれは、これより以前にゼノさんなどが街で拾い食いしている子供を手なずけて、『聖母の騎士園』へ連れて行ったその方法とは雲泥の差があった。

ゼノさんのそれが、どんなに強制収容「狩り込み」と違ったものであったか語ってくれる人がある。長崎市麹屋町で、蒲団屋を経営する鈴木初子さんである。

「あれは、昭和二十一年の春だったと思いますが、亡くなった主人の話では、主人が岡山に蒲団の買いつけに行った帰りに、浦上の駅からドヤドヤッと七、八人の顔や手を真黒にした子供たちが乗り込んできたそうなんです。そのとき、子供たちを連れていたのが、ゼノ神父さんだったそうです。

子供たちは、キャッキャと明るい声でゼノ神父にまとわりついていて、そのとき、主人はゼノ神父様に感動したといってました。それ以来、ずっと主人は亡くなるまで、お付き合いしていたようでした」

もし、ゼノさんが、鉄拳制裁をふるう場面に出くわしたら、体を張って子供を守ったであろう。ゼノさんは絶対に子供をしかることをしなかった。ゼノさんが子供をしかるところを見たものは誰もいないし、しかられた子供もいない。かつての園児たちは、いつもいつもニコニコし、子供の前にたち現われるゼノさんしか知らないのだ。

ゼノさんが、警察や役所が実施していた、いわゆる〝浮浪児の狩り込み〟に参加した事実は見当らない。そんな場面を見たら、ゼノさんは大声を張り上げ、そのモノモノしい扱いを止めさせたであろう。〝脱走〟は、子拱たちの体で表わす抗議行動（レジスタン）であり、戦争した大人への反逆ののろしである。

それに対して、収容所は、脱走ができないように、すべての窓に鉄格子をはめ、鉄門と柵を張りめぐらし、あたかも囚人のように囲い込み始めた。

何かが完全にまちがっていた。

一九四八年（昭和二十三年）二月一日、厚生省は全国の〝浮浪児〟数が、十二万三千五百十一人であると発表した。このうち収容所にいる者が、一割足らずの一万二千二百二人。他の大半は、街で生活していた。

時代は犯罪を次々と生み出し、想像を絶する事件が次々と発生していた。

「寿産院事件」などは、その最たるものだった。

子を産んだ親が、自ら育てる力がなく、預ってくれるという産院に、わが子を預けっぱなしにして行方知れずになる。その産院は親が引き取りにこないのを幸いに、幼児一人頭、五、六千円の養育費を取り、子供一人一人に与えられる特配ミルクや、衣料品をその子には与えずに、ヤミに流して金にかえ、実に、百三人もの幼児を餓死させていたのである。

こういう世相の街に放り出された子供たちが、どう生きたかは、明白である。街の少年たちにとって犯罪は、生き残る最後の道であった。

それに対して大人は、〝収容所〟をつくって「少年狩り」でそれに対処したのである。ゼノさんのように、純粋に孤児の側に立って考え、孤児の真の幸福のみを目的として救いの手を差し伸べるというものとはまるで違っていた。

孤児は社会悪の苗だから、早くひと所に囲って、後に禍根を残さないようにしなければ、という治安問題として、〝収容所〟を建てたのが大人たちの魂胆《こんたん》である。

しかも、もっとも困難で難かしいその専門職員のなり手は、孤児に寄生して失業苦をまぬがれようとする戦後派《アプレゲール》であったりする。「少年の町」が時代の人気を得たのを見て、名を売るために始めた事業家もいたりして、大人の企みは濁って反動的でもあった。

長崎医大で、被爆し、現実に迫りくる死の淵にあって、数々のエッセーを世に送って平和を祈りつづけたカトリック信者の永井隆博士は、やがて自分の二人の子供も孤児になることに怯えながら、うちつづく戦災孤児受難のニュースを耳にし、病床から怒りのエッセーを書いていた。

「孤児収容所……ああ、私は寒気がしてきた。あんな所へこの子が入れられたら……。

全国の孤児収容所の子供の逃亡率は、半分以上だとのことである。半分以上の子供は、逃げ出して捕えられ、入れられてはまた飛び出すという。ラジオや新聞で、浮浪児狩りという言葉が用いられた。狩るとは野獣に対して用いる言葉である。いつの日か私の誠一や、カヤノが野獣扱いを受けるのであろうか？——ああ！ そうして逃亡を防ぐため裸にしておかれるのだろうか？ 鉄格子をはめた部屋に入れられることであろうか？ ああ『収容』という言葉の冷たさよ。……」
（『この子を残して』より）

永井博士が書いた〝少年の野獣扱い〟は、全国の少年収容施設で現実におこなわれていたことだった。

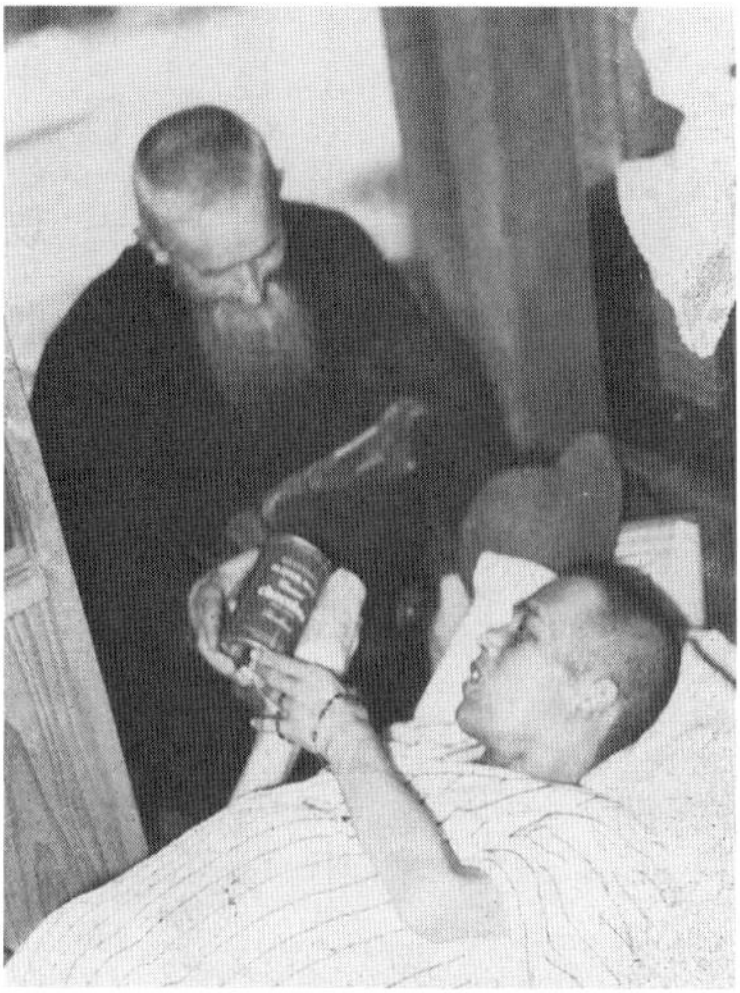
長崎の原爆で白血病になった
永井隆博士を見舞うゼノさん

敗戦後の収容所が、いったいどんなものであったか、千葉県印旛郡八街町にあった浮浪児収容所、「八街学園」の例を新聞記事でもう一度見てみたい。

《同収容所には現在、約百名前後の園児を、昭和二十一年以来収容しているが、島貫園長の方針は、創立以来、健民即ち厳格な訓育といった軍隊方式を採用、これが時に感情的に走り、ひどいときには、飼犬をけしかけ、逃げる児童にかみつかせながら革のスリッパで殴りつけるといった園長の体罰主義は、勢い他の職員に及び、ひいては、児童間におけるリンチ事件をまで平気でひき起させるといった、由々しい問題が、相次いで起るようになった。このことは、同園の高率の逃亡率や、児童たちのお母さん（保母）への日記の中に、『先生はぶたないで下さい』という切ない訴えに卒直に述べられている……。

■（園児）日笠、小野は、医療室に閉じこめられ、園長から革製スリッパ、ホウキで、散散殴打された、日笠は戸外に救いを求めて逃げ出したところ、園長は飼犬をけしかけかみつかせ、なおも、連打しつづけた。この朝六名の逃亡仲間の告げ口による。

■若竹寮の宇野（十五歳）は、某職員から顔面を平手で殴られ、全治十日の右眼内出血、仲間が盗みだした倉庫のジュースを飲まされ、宇野が盗んだものと誤解されたため。

■渡辺は、宿直室に入れられて、裸体にされ、殴打され、その日から病気になった。逃亡未遂のため。
■田中は、園長から火ばしで殴打され、関谷は、竹の棒で殴られた。ポケットに手を入れたため。
■藤田（十四歳）は、職員からみぞおちをゲタで蹴られ、背負い投げで二十数回地面にたたきつけられ、寒風の地面に正座させられた、作業中棍棒を足でもて遊んだため。
■自治寮の高橋は、寮母に突き倒され、鎖骨々折全治二十日間の傷害を負った。
……》一九四九年〈昭和二十四年〉二月四日付『東京新聞』）
同じ月の二十四日にも八十四名の少年が放火して脱走した事件が報じられている。
《二十四日午後六時四十分ごろ、東京都杉並区和田本町八七五東京少年監護所、第一寮六号室に収容中の窃盗犯A（十九歳）、B（十五歳）は、同目面会人から手に入れたマッチで、同室の羽目板に放火、火事は三尺四方を焦がしただけだったが、この火事騒ぎに、当直教官が一時、中庭に全員を避難させたため、収容児百四十一名中七十六名が、表門を押し破り集団脱走、この直前、第一寮二号室の少年八名も、床板を壊して逃走しているため、脱走者は計八十四名となり開設以来の大脱走事件となった》（二月二十六日付『東京新聞』）

敗戦四年目、十二万以上にふくれ上がった浮浪児たちは、彼らが生きる場としていた街から追い立てられ、近郊に出て最後の犯罪におよぶというケースが多くなっている。

それまでは、彼らが食べて行ける闇市が各所にあり、そこには少年たちの仕事があって、食いっぱぐれることはなかった。だが、その闇市が次々、取りつぶされて行ったのだ。行き場を失った少年たちは、勢い集団化し、追いつめられたネズミのように歯をむき逆襲してきた。この年、少年犯罪件数が激増している。

強制収容増設策は、少年犯罪の激増を理由にウムをいわせず強行されて、街から少年たちの姿を次第に消して行った。逃げのびた少年たちは本物のヤクザに拾われ、その道のプロになった。

私は、『聖母の騎士園』に席をおいた子供の何人かさえが、その後、刑務所に入ったり出たりする人生を歩んでいる例を知っている。

そして、ゼノさんが、その子の将来を思い、刑務所に訪ね力づけていた事実もまたあったのである。ゼノさんはその後も、この世の「悪」を自らの手でうめ、修復しようと渾身の力を注いで、毎日奔走していたのである。ほどんど神業《かみわざ》である。この年（昭和二十四年）の十月、『聖母の騎士園』から脱走した孤児の一人を追って、ゼノさんは東京に出て少年を長崎へ連れもどしている。

《九月半ば、長崎から脱走した孤児、T君を探しに上京した、ポーランド人の神父ゼノさんが、まったく偶然、都内某地の便所で疲れ果てたT君が寝ているのを発見、二十四日の夜汽車で連れ戻すことになった。……二十年六月、尼崎市の空襲で焼け出され、各地を放浪したあげく、二十二年九月、八幡市でゼノ神父さんに救われ、『聖母の騎士園』で五十人の浮浪児とともに、神の道にいそしんでいたが、悪友に誘われて一月ほど前、フラフラと上京、同君を追うようにゼノ神父も上京して、一ヵ月間、毎朝早くから寄寓先の赤羽、カトリック教会を出て、夜ふけるまで伝導の傍ら、T君を探し求めていたものである》（十月二十六日付『毎日新聞』）

このゼノさんは、依然として、『聖母の騎士園』の人々にとっても救世主であった。

小ヶ倉の寮が全焼して、行き場のなくなった子供たちの落着き先を捜し出す役目が、ゼノさんを待っていた。小長井に建設中であった「少年の町」はまだまだ完成するまでにはいたらなかったし、本河内の修道院は、小さな子供だけを引き取るのがやっとだった。ゼノさんは一日も早く新しい仮の宿舎を見つけ出さなければならない。

ある日、ゼノさんは、米軍基地、元大村四十六連隊の空兵舎の前にいた。将校の一人をつかまえて、兵舎の一部を家なき子供たちに授《さず》けてほしいと、ゼノさんは自分の構想を相手に話し聞かせ、熱心にたのんでいた。もちろん、ゼノさんは英語はできない。そこでゼノさんは、ポーランド出身の兵士を基地内に捜し出し、彼に通訳をたのんだのである。

そして、兵舎を借りたら、三千人の戦災孤児を収容し、靴製造や鉄工、大工などの技術を習わせ、日本一の、あるいは世界一の「少年の町」をここに建設するとブッたのである。フラナガン神父の名を持ち出せば、それを知らない米兵はなく、話はすぐに通じた。

「ブラザーゼノ、オーケー」と。

しかし、実際に三千人も収容できる建物をもらっても、本当にそれだけの子供たちを集め、職業訓練などできるわけはなかった。修道院の上長ミロハナ神父は、もっと小さい所でいいと断わり、手頃な兵舎に切り替えてもらった。ゼノさんの骨折りである。行き場がなくなっていた『聖母の騎士園』の子供たちは、再び一ヵ所に集まることができたのである。

敗戦後、人間宣言をして全国行幸をしていた天皇陛下とゼノさんが出会ったのは、『聖母の騎士園』がようやく大村に移ってから四ヵ月後の昭和二十四年五月のことであった。

この日はよく晴れわたり、ゼノさんは園児らとともに、日の丸の小旗を振って、天皇の『聖母の騎士園』視察を迎えている。

戦災孤児収容施設『聖母の騎士園』は、本河内の修道院内でスタートし、小ヶ倉の三菱工員寮に移り、火事にあって分散して後、再び大村に移って一緒になった。その後、一九五三年（昭和二十八年）に、小長井に移転。小長井の広大な土地に、ようやく自らが建設した養護施設群が完成したのである。

戦災で両親を失い、瓦礫の巷に放り出され、飢えと寒さにふるえ淋しさに泣く戦災孤児の姿は、激しく移り変わる世相という海にその姿を溶け込ませて次第に消して行った。児童福祉法による強制収容の実施で、大半は街から消えていくことになる。しかし、街には主役が入れ替わるかのように、生活困窮者があふれるようになった。格差社会の深化によって生活者群が、今度は浮浪者と呼ばれていた窮民化したのだ。ゼノさんは救済のために依然として休息の暇はない身であった。

第4章　「蟻の街」の人びと

「蟻の街」運動との出会い

「蟻の街」この言葉に私の年代以上の人々なら、誰しもおぼろげに記憶があるだろう。この「蟻の街」（廃品回収「バタヤ部落」）の人々とゼノさんが出会うことになったのは、敗戦五年目、一九五〇年（昭和二十五年）十二月のことであった。

大東京浅草繁華街、隅田公園の一隅にあった「蟻の街」の創設者の一人、演劇家の松居桃楼《とおる》さんは、現在（取材当時）箱根の千石原の庵にいて、著作活動のかたわら、辛辣な社会改造論を持って、悠々自適の生活を送っていた。

私は、このゼノさんの生涯を書こうと思い立つ以前から、ユニークな社会革命家としての松居さんのことを知っていた。松居さんが食糧危機に関する研究家として、実践的な試みをしていると聞き、箱根の庵へ足を運んだことがある。戦前には演劇活動家として豊富な体験を持つ松居さんの話は、私自身が演劇体験者でもあったからたいへん教えられることが多かった。

この松居さんが、〝親分〟と呼ばれていた小沢求《もとむ》さんとともに、「蟻の街」運動を始めるころのことを、こんなふうにいっていた。

「まだね、敗戦直後は皆敗けたもの同士、助け合おうという風潮があってね、結構いろいろなかたちで生活を潤わせていたんですよ。ところが、だんだん人を押しのけて儲けるやつが出てくるようになると、そういう絆が切れてしまって、貧乏人攻撃を始めるようになったんだね。

それこそ、心ならずも掘っ立て小屋に住んで、バタヤをやっていた人たちまでが世間の目の敵になり、人間の屑呼ばわりされるようになったんですね。

私は、そういう体制に向かって抵抗する必要を感じていたので、小沢求さんが仲間たちと始めていた、バタヤ共同体に共鳴してその手伝いをするようになったんですよ」

この松居さんが指摘するように、敗戦五年目にして、日本の世情は大きく変わってきていたのである。

はじめGHQは、どちらかというと戦争なき理想的な民主化政策を推し進めていたが、その後の世界情勢（東西冷戦）の変化、とくにアジア各地で起こった独立運動と、「東西対立」の激化にともない、その政策も理想を引っ込めて現実的

上野公園内「葵部落」を訪ねるゼノさん

なものに変えざるをえなくなって行ったのです。日本を西側の一員として取り込むため、連合軍側は再軍備さえ要請するようになったのである。

隣国朝鮮半島で始まった新たな戦争（朝鮮戦争一九五〇年六月二十五日勃発）は、対馬海峡一つへだてた日本列島に時ならぬ〝戦争特需景気〟をもたらした。この隣国の戦争で景気づいた日本戦後経済は、失地回復を一挙にとげ、ドッジ政策（経済優先合理主義）に沿った人員整理を強行した。このために、失業者が街に溢れることになった。強引な経済再建政策のあおりをくって、勝ち組・負け組がうまれ、それらのレールからこぼれた多くの弱い人々は、日に日にその数を増していた。

全国各地に、いわゆる〝バタヤ部落〟と当時呼ばれていた窮民部落が、ゾクゾクとできたのがこのころである。職なき家なき人々が身をよせ合って、自立更生の道を自然発生的に求めたのが、この〝バタヤ部落〟自主運動であった。都内各地に次々とできたのである。

ゼノさんが深い関わりを持つことになった上野公園内の〝葵《あおい》部落〟を始めとして、お茶の水の〝谷間部落〟（ここは、『朝日新聞』に連載された獅子文六の新聞小説『自由学校』のモデルとして有名となった）、浅草の〝浅草寺部落〟それと同じ浅草の〝本願寺部落〟、文京区の礫川公園内の〝後楽会〟、〝千住本木町部落〟、深川の〝塩崎町部落〟、そして隅田公園内の〝蟻の街〟などがある。

救済の対象が子供たちから大人たちに変わって行くにしたがって、ゼノさんはある悩みを持つようになっていた。このゼノさんの悩みというのは、社会構造の変化にともなって貧富の差も質的に変わり、多様化して行く世相に自らの救済方法が即応していないのではないかという悩みである。

ゼノさんが苦心して集めてきた支援物資が、明日の生活を向上させるのに役立つ効果を持ちえてはいないのでは、という反省がある。何かいい方法はないのだろうか、自らが立ち上がって行く手助けになるという方法はないだろうか、これがゼノさんの一つの悩みになって来ていたのである。

ここに、時代が移り行くにしたがって、敗戦直後とは世相が違い、ゼノさんの善意の行動が、ある冷やかな目で見られるようになっていたことを示すある雑誌の記事があるので取り上げてみよう。

《司会 ゼノ神父というのがいたね。

H あの人には弱るんだ。浮浪児を見ると、やたらに同情してね。警察に行って、「ちょっとちょっと」なんていって、いきなり署長に会って文句をいう。そして浮浪児のために、新しい服とパンと無料の切符をもらって、駅まで送って行く。駅長は「またか」というような顔をしてにやにや笑ってるんだ。

一応のうるさ型だからね。ところが浮浪児たちは御徒町で降りて切符を売っちゃうんだ。無料切符だから儲かるわけなんだよ。

ゼノ神父が、あの辺の父だなんていわれたのも実は、そういうわけなんだ。こんな話もあるんだ。彼は全国行脚をして、上野に再びたどり着いたとき、上野はすっかり変わっていた。というのは、上野の警察が池の端にあった浮浪者の小屋を焼いたむごたらしいことがあったんだ。それでゼノ神父が集めた金で、材木をトラックに積ませてきて、墓地のところに建物をつくった。

そのころは占領時代だから、警視庁の法規ぐらい破っても問題ない。それで、永久建築ではないという条件付きでつくったのが今日に至っているわけだ。東京で一番恵まれてるバタヤ部落はあそこだね。貯蓄組合をつくったりしてガッチリ働いているし、更生も一番早い……。》（昭和二十七年九月十四日号『週刊朝日』）

これは、東京の盛り場の生態をルポしていた新聞記者が集まって、座談会を開いた記事である。ここで語られていることは、上野の〝葵部落〟を中心に、必死で活躍していたゼノさんの様子を伝えているのだが、周囲の者たちが、困ったものだという目でゼノさんを見るようになっていったことがよくわかる。当然、ゼノさんもこれを一つの〝壁〟と感じていたのである。

ちょうど、街に連帯が失われていく昭和二十五年頃のことであった。貧しい者たちが身をよせ合って共同生活の実をあげ、自立更生の道を実際に歩み出していたバタヤ部落、「蟻の街」の存在をゼノさん自身が知る機会があった。「コレダ、コレコソ私ノ求メテイタモノ！　コレデスヨ‼」

このゼノさんと、隅田公園の一隅にあったバタヤ共同体の「蟻の街」を引き合わせたのは、当時、東京都の民生局保護課に勤務していた中井保行さんという人物であった。

一九五〇年（昭和二十五年）当時、東京都民生局保護課の職員だった中井保行さん（当時三十五歳）が、ゼノさんに初めて会ったのは、民生局に黒い大きな鞄を持って現われたゼノさんと声を交わしたときのことだった。

「そのときは、何か特別な用で来たというのじゃなく、ゼノさんが局長の所に顔を出しにきた程度のことだったんじゃないですかね。私はときどき、上野や浅草のバタヤ部落を廻っていた関係で、ゼノさんと話が合ったんですね。ゼノさんは当時、貴重品だったアスピリンや栄養剤を、かかえきれないほど進駐軍からもらい受けましてね、それを貧しいムシロ小屋がけの人々に配ったりしていたんですよ。ゼノさんは、都にやってきて、そういう品を有効に配りたいから、貧しい人のいる所を案内してくれと頼んできたんです。それで私が案内役をすることになったんです。

私がゼノさんと親しくなったのは、そういう役割ということの他に、ロシア語で話せたということがあるんです。

私は戦時中は、満州のハルビン市役所に勤めていた関係で、ロシア語ができたんです。ゼノさんもロシア語ができるんですよ。二人で話すときは、よくロシア語で話しました。ゼノさんもその方が日本語より楽に話せたんですね。都電の中で、よく二人でロシア語を話していると、周囲の人は二人が英語で話していると思ってるんですね。外人はみんな英語だと思っている時代でしたからね」

隅田公園内の「蟻の街」に二人が向かったのは、例によって、中井さんが案内役で、プレゼントの品をかかえたゼノさんを供なって、上野の〝葵部落〟などを廻った日のことだった。

「ついでに、言問橋にある『蟻の会』に行ってみましょうということで、ゼノさんを案内したんです。私は、以前から、『蟻の会』を訪ねていましてね、ドラムカンの風呂を沸かしてもらって、松居さんと一緒に入って、肩を流し合ったこともあったんです。当時はね、なかなか口にできなかった白米の炊きたても食べさせてもらったこともありました」

ゼノさんが、都庁の中井さんと一緒に「蟻の街」を訪ねた日は、おそらく、十一月十三日以前のことではないだろうか。ゼノさんのことが十一月十三日付『朝日新聞』の夕刊に載っているのだ。

後に、松居さんが徳川夢声との対談で、「ゼノさんが初めて蟻の街にやってきた日」のことを語っている。

「松居　昭和二十五年の十一月、『蟻の街』が焼き払われるという噂を聞いて、『蟻の街』を贔屓《ひいき》にしている東京都の役人の案内で、ゼノさん、やってきたんです。

『新聞社へ電話をかけて、自分が来ていることを知らせる』っていうから、私が電話帳をめくりましてね、一番初めの、アのところにある朝日に電話をかけた。(笑)『いま、ゼノさんという人が来てるんだが』というと、むこうはゼノさんをよく知ってるんです。『またゼノさんが現われたか』って調子で、あまり乗り気じゃないんですよ。(笑)

こりゃいけないと思って、とっさに、『蟻の街のまんなかに、カトリック教会を建てるんです』っていったら、『待ってくれ。写真班と一緒に、いますぐ自動車で行く。ほかの社には知らさないでくれ』(笑)

夢声　教会うんぬんてえのは、その場の創作ですか。

松居　電話でしゃべっているうちに、ひょいと出た言葉です。(笑)

夢声　まんまとひっかかったな、朝日新聞は。(笑)

松居　松屋で電話をかけて、『蟻の街』へとんで帰った。ふたりにそういったら、ゼノさんも小沢会長も驚かない。

『新聞社が来たら、そのとおり答えるよ』ってわけです。

やがて、新聞社が来ました。このふたり、昔から考えていたことのような顔をして、しゃべっている。(笑)そして、『蟻の街に十字架、ゼノ神父ひと役』という記事が朝日に載ったんです」

そのときの新聞記事は次のように書いていた。

《浅草言問橋のほとり、バタヤの集団部落「蟻の街」に、カトリックの神父の援助で、教会設立の話がすすめられている。

長崎市本河内町一九六、聖フランシスコ教会『聖母の騎士修道院』に属するポーランド人B・R・ゼノさん（六十一歳）は、さる八月上京したときに、上野の浮浪者のため篤志家から材木の寄贈をうけ、同十八日、一夜の内に公園鶯《うぐいす》谷よりに仮小屋を建設したことがあるが、この仮小屋の様子を見るために最近上京した。「蟻の街」の噂を聞き、在日ポーランド人協会から寄贈されたケーキ十箱をおみやげに、十一日夜この町を訪れた。

「蟻の街」では百余名が一年近い集団生活を送ってきた結果、「心の拠り所」を求める気持ちがわき、「教会を建てたい」という希望があった。

この話を聞いたゼノさんは、「材木集めに一役買いたい」と申し出た。教会設立に努力しようという話はその場で本ぎまりとなった》一九五〇年〈昭和二十五年〉十一月十四日夕刊）

ゼノさんは例によって、プレゼントをかかえ持ち、物を恵み与えるというパターンでこの「蟻の街」へ来たのだが、ここの会長、小沢求さんは、ゼノさんの善意のプレゼント作戦を頭から拒否したのだ。ゼノさんにとっては、初めての意外な反応だった。

「われわれが欲しているのはね、物じゃないんだ。バタヤはね、紙屑や鉄、空瓶、ボロなんかを集めて、再製工場に送る商売をやってんだよ。都会には森林に匹敵するパルプ原料や、鉱山に劣らぬ鉄鉱資源が廃品として捨てられている。それを回収している職業がバタヤなんだ。物はもうたくさんだ、それよりもね、こうやってちゃんと自立更生している事実を、ちゃんと世間の人に知ってもらいたいということだよ。〝浮浪者の集まりだから焼き払ってしまえ〟という考えじゃなく、自立できるように土地などを与えるとかして、もっとわれわれに対する理解をもって欲しいんだ‼」

この会長の語る言葉は意外ではあったが、ゼノさん自身が心から待ち望んでいた言葉でもあったのだ。

「アア、ソレ、タイヘンヨイコトデス」

ゼノさんは、共感でいっぱいの手を会長に差し伸べた。この日以来、ゼノさんは足しげくこの「蟻の街」の幹部会議に顔を出すようになった。心からの同志として参加することになったのである。

前科があったりすさんだ生活をしてきた過去ある住民の指導にあたっていた親分肌の小沢会長を中心に、長年演劇活動をしてきた松居桃楼《とおる》さんが作戦本部長格となり、新たにカトリック修道士ゼノさんが精神的なバックボーンとなって「蟻の街」対外PR係となって会合を重ねて行ったのである。

都の職員であり理解者であった中井さんや、心ある学生などが「蟻の街」運動のブレーンとなった。

ゼノさんに導かれた〝「蟻の街」のマリア〟

さらに、「蟻の街」には、もう一人欠くことのできない重要な役割をした人物がいた。それは、かつて、「蟻の街」のマリアといわれた北原怜子《さとこ》さんである。もし、この北原怜子さんが加わっていなかったなら、「蟻の街」の歴史もまた違ったものになっていただろう。

新聞、ラジオ、雑誌が、ことあるごとに伝えてきた「蟻の街」の報道は、この北原怜子さんの、献身的な活動の姿を通してのものでもあったのだ。もし、現代に「殉教」にふさわしい例があるとすれば、北原さんの死を賭けた活動の生涯こそがそれにふさわしい。

だが、この北原さんが、もしゼノさんに出会わなかったとしたら、おそらく、「蟻の街」のマリアは存在しなかったのではないであろうか。ゼノさんとの出会いが、彼女の一生を変えてしまった。北原怜子さんが、初めてゼノさんに会ったのは、昭和二十五年十一月のある日のことだった。その運命的な出会いについて彼女自身が書き残している一文がある。

北原怜子さん（左）とゼノさん

『私が、二階で母の仕事を手伝っておりますと、

お店の人が、

「怜子《さとこ》さん、お店にサンタクロース、そっくりのお爺《じい》さんが来てますよ。来てごらんなさい」

と言いに来ました。

私は何の気なし、店に出て行きますと、黒い修道服を身にまとい、房々とした白い鬚《ひげ》を生やした、大柄の神父様が、お店の人たちを相手に、眼を細くして、面白そうに話をしておられました。

その白いお鬚のお爺さんは、黒い大きな鞄《かばん》から、美しいマリア様の御絵や、「聖母の騎士」という雑誌や、コルベ神父様の伝を書いた、小さなパンフレットを出して、皆に説明しておいでになりました。

私が、お店に姿を現しますと、すでに店の人から、私が、洗礼を受けているとお聞きになっていたとみえて、

「アナタ、センレイウケマシタカ」

と、やさしくお尋ねになりました。私が、メルセス修道院で洗礼を受けましたとお答えしますと、

「ヨロシイデス。ヨロシイデス。アナタ、童貞様《シスター》ニナリマスカ？」

まるで、人の心の底まで、すっかり見抜いているような、するどい、しかも、人なつっこい目つきで、私の顔を見つめながら、おっしゃいます。

「……ええ、多分……」

「ソウデスカ、ソレ、イイコトデス。聖母マリア様オメグミ、キットアリマス。……モシネ。アナタ。可哀ソウ人間ノタメ、オ祈リドッサリタノミマス」

と、その神父様は、片言まじりの日本語をおっしゃったと思ったら、

「デハ、サヨナラ、オジイサン、イソガシイ、マタ、キマス、オ祈リタノミマス」と言い捨てて、ひょうひょうとして、出て行かれました。』（『蟻の街の子供たち』より）

　高崎経済大学の教授で、農学博士だった北原金司《きんじ》氏の三女だった北原怜子さんは、家族とともに、当時、姉の嫁ぎ先だった台東区花川戸《はなかわと》の大きな下駄問屋高木商店に住んでいた。

　風のように来て、忙しげに去っていったゼノさんの後姿が、心に焼きついて離れなかった。

どういう人なのだろう、国はどこなのだろう。青いすんだ目が印象的だった。そんなことがあった数日後のこと、ゼノさんのことが新聞記事に載っているのが目に飛び込んできた。

「蟻の街に十字架、ゼノ神父ひと役」

ああ、これは、先日マリアの絵はがきをくれた「ゼノ神父」その人だ。彼女は新聞記事を読みながら心が高鳴るのをおさえることができなかった。その〝ゼノ神父〟は、「蟻の街」というところへ通い、貧しい人々に救いの手を差し伸べている。いたたまれない気持ちで、数日がたった。

雨が急に降り出したので、二階の雨戸を閉めようとしているときのことである。また、ゼノさんの姿が現われたのだ。雨の中を忙しげに黒鞄をかかえて、言問橋《ことといばし》の方に向かっていくところだった。

「ああ、あの神父さんだ！」閉めかけた雨戸をまた開けて、身を乗り出してゼノさんの姿を追った。あの神父さんのお役にたたなくては！そんな思いが彼女の心をギュッとしめつけたのだ。はじけるように彼女はゼノさんの後を追って表へ出た。

雨の中を風のように去って行ったゼノさんの姿は、もう見えなかった。だがきっと、あの新聞に書いてあった「蟻の街」に向かったに違いないと思った。その「蟻の街」へ行けばきっとあの方はいるに違いない。「蟻の街」がどこにあるか知らなかった彼女は、捜し歩いてやっと「蟻の街」の黒い板壁にたどりついた。会長さんがいるというボート小屋の前にきて、彼女は中をうかがった。四、五人が何やら話し合っているところだった。

「ごめんください……！」

「ああ、誰だい！」大きな声がもどってきた。気おくれしながらも、建物の中に一歩足をふみ入れると、部屋の中から、あの人が出てきた。

ゼノさんだった。

「アア、アナタ、イツカ童貞サンナルヒト」そういって、彼女の前に現われた。

ゼノさんは、居合わせた「蟻の街」の人々に彼女を紹介した。

彼女は身を固くして会釈し、話が終わるのを待った。

「ソレデハ、オジョウサン、カエリマショウ」

ゼノさんは、北原怜子さんと連れ立って、「蟻の街」を後にした。雨はすっかり上がっていたが、もう夜だった。

道々、ゼノさんは、貧しい人々の群れについて語り、全国各地には、人の助けを待っている人々がたくさんいることを説き、自分がコルベ神父とともに、この日本にやってきて二十年になるその敬愛するコルベ神父がアウシュビッツで身代わりの殉教なさったことなどを話した。家にたどりついてもゼノさんの熱弁はおさまらず、鞄の中から、写真や新聞記事を取り出し、その中から薬をめぐんでくれと訴える一通の手紙を彼女に見せた。

「オ嬢サン、ゴ覧ナサイ、コノ写真ノ人、共同便所ノ中ニ住ンデイマス。ゴ飯、三日モ四日モ食ベテナイデス、可哀相デショウ。

アナタ、ドウ思イマスカ！　コノヨウナ可哀相ルンペン、今戸ニモ、浅草本願寺ニモ、上野墓地ニモ、地下道ニモ、沢山沢山イマス。何百人、何千人、オリマス。デモ、東京ルンペンマダマダ幸福デス。長崎ルンペン、広島ルンペン、モット、モット可哀相デス。三宮ノルンペン一番可哀相デス。

夜サムイ、デモ火鉢ナイデス。穴ホッテ、ソノ中デ火ヲタキマス。デモ、雨フル、ソレデキマセン、仕方ナイ、土手ノ横、穴ホル、ソノ中ニ寝マス。マルデ、魚ノ巣ト同ジコトデス。大阪、名古屋、横浜、ミナ同ジデス。
コノ手紙クレタ人モ、オ爺サン、横浜デアイマシタ」
このゼノ様をお助けしなきゃいけない！　ほとんど強迫観念のように思いつめた彼女は、このとき以来、ロザリオを握りしめ貧しき人々のために働くことを誓った。

しかし、「蟻の街」の人々は、彼女をすぐには受け入れなかった。「善意の押し売りをする」苦労知らずの娘の気まぐれだ、くらいにしか思えなかったからである。

彼女を見る目は冷たかった。彼女は何度もくじけそうになりながらも、気まぐれや一時の同情心からではないことをなんとか示すために、意地になっても「蟻の街」に溶け込もうとした。だが、もし、いつもニコニコ顔で貧しき人々のために働きつづけるゼノさんの姿が目前にすることができなかったら、彼女はおそらく挫折していただろう。

荷物を二つも三つもかかえて窮民の父として全国各地を廻っているゼノさんの

「蟻の街」のマリアこと北原怜子さん（右）

大きな実際の姿が、ともするとくじけがちになる彼女を勇気づけていた。

　当時の彼女の心境をつづった文章があります。

「ゼノ様は、たどたどしい日本語で、まだ修道士におなりになる前には、やっぱり私のような悩みをお感じになったこともおありでしたが、修道院にお入りになって、一心にマリア様におすがりしたおかげで、いまでは何事にも気を苛立たせないですむように、おなりになったとお話して下さいました。

　聖母の騎士会の創立者、コルベ神父様のお供をして日本にお渡りになって、もう二十余年、これほど貧しい日本国民のために、おつくし下さっているのに、生涯、一労働修道士で、ニコニコ暮しておいでになるゼノ様の悟りきったお気持ちに、私はいつになったらなれるのでしょう。なにか、高い高い丘の上のお御堂を仰ぎ見るような気持ちで、私はゼノ様の横顔をみつめました。

ゼノ様は、わざわざ私の家の裏口まで送ってきて下さって、お別れぎわに、『オ嬢サン、苦シイトキニハ、コレデス』と、ロザリオをお見せになり、『マリア様、ドンナ時デモ助ケテ下サイマス』とやさしくおっしゃいました」(『蟻の街の子供たち』より)

北原怜子さんが後に自らが綴ったこの手記『蟻の街の子供たち』の中で、ゼノさんの助手として窮民部落を廻ったときのことを書いている。

「山の麓の一番道路に近い小屋の前で、四十近いもんぺ姿のおかみさんが、洗濯物を干していました。

『今日ハお母サン元気デスカ』ゼノ様はなれなれしく話かけました。

『ああ、元気だよ』

『お父サン、何シテイマスカ』

『なんにも職がなくて困っているよ』

『オ爺サン、今日、着ルモノ沢山モラッテ来マシタ。アナタ、何カ欲シイデスカ』

『ああ、欲しいとも、持ってるもの、ありったけ、おいてきなよ』

『アナタ、家族何人デスカ。ドッサリアリマスカ』

『ああ、いるとも、子供がうんといて、着るものにも、食べるものにも困りぬいてるんだ』

こういう部落を、生まれて初めておとずれた私ですら、その小母さんのいっていることが、まるっきり嘘だということがわかる位でしたが、何もかも、知りきっておいでになるゼノ様は、少しも嫌な顔をせずに、気持ちよく欲しいという品は分けてあげました。

ゼノ様は、他の人にも衣類をあげたいから、部落の人をみんな呼びあつめてくれと、その小母さんにお頼みになりました。欲張り小母さんは、しぶしぶ、山の上の小屋をふれて廻りました。しかし大部分の小屋の人は、働きに出ていて留守だったので、小母さんに呼ばれて現れた四、五人の人相の悪い人たちは、ほとんど、全部が赤い顔をして、酒臭い息をはいていました。その中の一人は、ゼノ様がマリア様のことを話かけたとたんに、『何をいやがるんだ。この世の中に、神も仏もあってたまるものか。もし、そんなものが本当にあるんだったら、俺は、こんなみじめな境遇になりゃぁしねえや』とどなって、さっさと、自分の小屋に帰ってしまいました。

ゼノ様は、顔色一つ変えずに、その男の小屋に出かけて、何か諄々《じゅんじゅん》と説明していらっしゃいましたが、その内に、その酔っ払いもすっかり機嫌をなおして、『解りました。あなたのような、立派な気持ちの人が信じている神様なら、きっと、間違いない筈だ。私も信じます』といって、涙をポロポロこぼしていました。

ゼノ様は、又、この部落に住む人々の、氏名や年齢を知りたいと、いろいろ質問しましたが、誰も自分以外の人間のことには関心がなさそうなので、改めて夜分にでも、私が来て調査をする約束を致しました。

ゼノ様は、それから、私をお連れになって、言問橋の下のルンペンアパートを訪問なさいました。ここの特徴は、住んでいる人がみんな偏窟で、誰が訪ねても、そっぽを向いて、ろくに返事もしてくれないことです。会長格の人は、片手のない人でしたが、この人は特に無口でした。でも、お互い同士は、非常に仲がよく、しっかり団結しているということが一目でわかりました。初めは、とても、とっつきにくいようですが、だんだんよく話していると親しみを感じる人々で、その中の一人は、『今戸橋を渡った先にも、ルンペン部落があるから案内してあげよう』といって、わざわざ、そこまで送ってくれました。

そこは、今戸中学のすぐ隣で、やはり、隅田川に臨んだ所ですが、戦災の無縁仏が仮埋葬してある墓地の上に住んでいるので、どの小屋も卒塔婆《そとうば》が柱になっていたり、土饅頭の上が板敷になっているような薄気味の悪い部落でしたが、住んでいる人たちは、一番上品で、慇懃《いんぎん》な態度でした。

私たち二人は、いったん家に帰って、昼食をすませ、今度は、本願寺のルンペン部落を訪問しました。ここは、『蟻の街』の三倍ほどの人口がある大集団でした。日本一はなやかな浅草の真中に住んでいながら、何百人という人が、電燈をつけることも、水道を引くことも許されず、大変不自由な思いをしていました。

私はゼノ様のおいいつけで、一軒一軒を訪問して、各家々の希望を聞いて、書き取って歩きました。

さて翌二十六日になると、ゼノ様は、又もや大きな紙包を、二個抱えて早朝から見えて、『オ嬢サン、今日ハ病院ニ入ッテイル可哀相ナ人間、訪ネテアゲマショウ』とおっしゃいました。今日は国鉄線立川の奥、国立大和病院の慰問に出かけるのだそうです。

そこには、桜木町駅でゼノ様に助けられたという、例の手紙の差し出し人が、入院しているからでした。もちろん、私は大喜びでお供をさせていただきました。ゼノ様は、立川駅で下車すると、病人の見舞用のパンと、果物を五百円ほどお買いになりました。

例の桜木町の行き倒れ患者は、ゼノ様の顔を見ただけで、涙をとめどもなく流して喜びました。ゼノ様が、この大和病院の慰問にこられたのは、今日が初めてなのですが、驚いたことには、ゼノ様が各病室に入って行くと、必ず一室に一人か二人は、ゼノ様の顔を見憶えている患者がいて、

『わしは、あの神父さんに、十五年前、大阪でお世話になった』とか、『私は、八年前、長崎で大変困っているところを、助けていただいた』とか、懐かしそう

に昔話をはじめるのでした。私は、そのたびに、ただただ、ゼノ様の活動範囲の広さ、大きさには驚きを感じるばかりでした」（北原怜子『蟻の街の子供たち』より）

北原怜子さんは、母親に遅れまいと小走りに追って行く幼児のように、一生懸命ゼノさんの後をついて歩いた。

「蟻の街」でゼノさんと一緒にクリスマス会を開き、これをきっかけに子供たちと仲よしになり、彼女の活動は次第に根をはっていった。はじめは冷たかった「蟻の街」の人々も、次第にうち溶けていった。そして次々と困難な問題が起こってきて、何度もうちひしがれそうになったが、そのたびにゼノさんの言葉が励ましとなった。

献身の人、北原怜子さんと、ゼノさんは心を一つにし、それぞれが握りしめたロザリオに祈りを捧げながら、貧しき人々のために働く姿がそこにあったのである。

そのかいあってか、六十歳過ぎた小沢会長をして、しみじみと、「あの人には、ほんとに惚れた」といわしめるほど怜子さんに感服するのです。「蟻の街」の会長小沢求という人は、以前は甲州屋というテキ屋の顧問で、一つ号令をかけると、浅草中に血の雨を降らせることができるほどの任侠《にんきょう》の人で、人を斬った以外に前科のないのが自慢という人だった。そんな〝親分〟が、北原怜子さんに導かれるように、キリスト教の洗礼を受けることになったのです。

スラムの人々がひねくれるのは、自分たちを心から信じ切ってくれる人がなかったからだが、北原怜子さんだけは、スラム街の人間を頭の先から爪の先まで信じ切ってくれたのです。「蟻の街」が人間的な絆で結びつくことができたのは、この北原さんのおかげたと小沢会長はいうのです。

こうして、弱い者たちが結束して、生活の場を築き上げつつある「蟻の街」だったが、時がたつにしたがって、「もう戦後ではない、公用地を不法に占拠しているバタヤ部落は取り払ってしまえ」という声が次第に大きくなってきました。

公園用地の中にあった「蟻の街」は、事実、焼き払われようとしたのです。やっとの思いで自らが手を取り合って共同でつくり上げてきた生活の場が焼き払われようとしたとき、まっ先に抗議の祈りをとったのは、北原怜子さんでした。

この「蟻の街」の人々を守るために、指導者松居桃楼氏とともに、北原怜子さんは病をおして奔走したのです。

松居さんが下書きし、彼女が浄書した何十枚ものアピール文は訴えていた。

「――東京という都には、七千人の浮浪者、七十万人の生活困窮者、二百五十万の住宅困窮者がいる。都民の三人に一人が住宅困窮者であり、十人に一人が生活困窮者、千人に一人が浮浪者だ。――だがこの七千人の浮浪者は、東京都民が、ゴミ箱に捨てるゴミの二割を浮かすだけで、立派に自力更生できるはずである。これを事業として金に換算すると、一ヵ年で八億円にもなる。この事業のモデルが隅田公園内にある、『蟻の会』である。

だから、この『蟻の会』を焼き払うのではなく、都は換地を斡旋し、『蟻の街』を中心として、全浮浪者が、自力更生できる道を切りひらくべきではないか。

……」

この訴えが通るには、八年の歳月が必要でした。

つまり、隅田公園の中に、「蟻の街」ができて、ゼノさんや北原怜子さんが

蟻の街の中庭に作られたルルド
完成を祝う北原怜子さんとゼノさんと子供たち

加わって、八年後の一九五八年（昭和三十三年）一月二十一日、東京都は新たに、「蟻の街」の人々の新天地として、江東区深川の夢の島、八号埋立地（五千坪）の土地を正式に提供することになったのです。自らが自立更生して行くのに必要な、広大な土地を合法的に買い、手に入れることができたのです。小沢求さん、松居桃楼さん、北原怜子さん、そして、全国に「蟻の街」建設運動に飛び廻っては、時折り本部たる浅草にもどってきたゼノさんたちの長い闘いの歴史は、第二の「蟻の街」建設地へと向うことになるのです。

北原怜子さんは、「蟻の街」の粗末なベッドに横臥する身であった。

身も心も貧しき人々のためにささげた北原怜子さんは、移転先決定の報を聞いた二日後の一九五八年（昭和三十三年）一月二十三日、午前八時十分、「蟻の街」の人々に見守られながら、この世を去ったのです。まだ二十八歳の若さでしたが、その死は奇跡を起しての天国行だったのです。

「蟻の街」は、「夢の島」に移って怜子さんの夢を実現させて移転を完了しているのです。

北原怜子さんが「蟻の街」の粗末なベッドで息を引き取ったとき、ゼノさんは東京にはいなかった。

今日も明日も、風の使者・ゼノさんは、以前にもまして、全国の窮民救済に奔走していたのだ。小沢さん、松居さん、北原さんが守り育てた立派な東京の「蟻の街」をモデルとして全国に「蟻の街」化運動を展開していたのである。

その昔、ポーランドの荒地にコルベ神父とともに建てた粗末な教会とそっくりな教会を、全国の「蟻の街」の真中に建てていくのがゼノさんの夢だった。〝神父ではない一介の修道士が、教会を建てるとは生意気だ〟という批判が同じカトリックの内部から出て、ゼノさんは大いに困惑するが、愛に飢えた子供らの拠り所として十字架を掲げた「日曜学校」はどうしても必要なのだと、そんな批判には耳もかさず、なおも全国の窮民の街に十字架を！　とゼノさんは奔走していたのである。

「ゴランナサイ、コレ東京ノ蟻ノ街デス、ミンナ、コレチカラアワセテ、リッパナ街ツクリマス！」

そういって、ゼノさんが誇らしげに差し出した新聞記事は、次のようなものだった。

《バタヤさんたちが心を合わせて、自力で教会を建てた——言問橋のほとり、浅草隅田公園の集団バタヤ部落、「蟻の街」では、昨年十一月、長崎市本河内町一九六、聖フランシスコ教会「聖母の騎士」修道士ゼノさん（六十一歳）から、約三万円の材木を贈られたのに奮起、「自分たちの力だけで教会を建てよう」と、六十八世帯、百三十二人が、一丸となってゼノさんと教会を建てる約束をした。

そしてもらった材木は、上野公園寛永寺墓地部落へ寄付して、自分たちはせっせと働いたが、そのかいあって、この五月、半年間売らずにためたクズ、ガラスが二十五トン（約二十万円）になった。これに現金を加えて、二十万円がそろったので、いよいよ建築にかかり、二階建十二坪で、屋根は拾い集めた焼トタンながら、大きな十字架もある教会堂をつくり上げたのである。部落民は、今二十七日午後ゼノさんを招いて落成式を行う。牧師は決っていないが、教会のお祈りのあい間には、近くの某大学教授の三女北原怜子さん（二十一歳）に子供たちのしつけや遊戯をみてもらい、夜は篤志家を呼んで英語や数学など、〝バタヤ大学〟を開きたいと、世話役はいっている。

ただこの建築は正式の許可がなく、都公園観光課隅田公園事務所からは、『勝手に公園にそんなものを建てられては困る』と注意を受けているが、「蟻の会」の小沢組合長は『決して迷惑はかけない、立ち退くときは、そっくり持って行くから、バタ屋の真面目な向上心をくんでくれ』といっている。……》（一九五一年〈昭和二十六年〉五月二十七日付『朝日新聞』）

ゼノさんが「蟻の街」を知る以前、主に戦災孤児の救済活動をしていたとき、米国のフラナガン神父がくりひろげていた、「少年の町」運動（フラナガン神父来日は一九四七年〈昭和二十二年〉四月）が、ゼノさんにとってかっこうのモデルであったように、浮浪者として、ムシロがけの生活を強いられていた人々の理想として、「蟻の街」運動（一九五〇年〈昭和二十五年〉）開始は、ゼノさんの新たな活動目標であり、第二、第三の「蟻の街」を全国につくり出すことが、ゼノさんの次なる希望であった。

上野「葵部落」と「蟻の街」の全国化

社会の片隅に追いやられて顧みられない最下層の人々が、自立更生のモデルとして創出した「蟻の街」。これこそは、ゼノさんに多大の夢――社会事業の構想をいだかせるものだった。

ゼノさんは自らの役割を、その発展に寄与すべく、オルガナイザーと位置づけ全国を廻り、各地に第二、第三の、「蟻の街」づくりを提唱して歩いた。各部落の中央には、十字架のたつ教会を建て、聖母マリアの恵みが貧しき人々の上にひとしく降りそそぐ、地上の楽園を思い描いたのである。

東京の窮民部落の中で、もっとも大きいものは、上野公園内にあった「葵部落」（「墓地部落」とも呼ばれていた）であった。

上野公園内に窮民部落が形成されだすのは、一九四八年（昭和二十三年）秋ごろからのことだ。初めは墓石を利用したり、リンゴ箱やムシロなどで夜露をしのぐ程度のものだったが、上野地下道に住んでいた家なき人々が、あいつぐ〝浮浪者狩り〟で追い出しをくい、行き場を公園内に求めるようになって公園と隣り合っている墓地を占拠し、そこを窮民部落化していったのである。

その上野の山に移動した貧しき人々を追うように、ゼノさんの足もまた、地下道から上野公園内へと移っていた。当時の上野公園内は荒廃をきわめていた。上野公園はもともと、徳川家のお墓があった所で、古代から上野の山そのものが寛永寺の管理下にあったところだ。その上、一九四五年（昭和二十年）三月十日の東京大空襲で死亡した人は推定十万（実際は十二万以上）、うち八万人の人々が、都内各地の公園や緑地に仮埋葬されたが、その一部、約一万の遺体がこの上野公園の中に仮埋葬されたままになっていた。

公園内の全遺体が改葬されるのは、六年後の一九五一年（昭和二十六年）三月のことである。

敗戦三、四年目の時期においては外燈もなく、墓石にムシロをかけた小屋で、乳飲児を抱える一家が夜露をしのいでいるというありさまだったのだ。

現在、上野駅から御徒町駅にかけてのガード下にそって、アメヤ横丁というのがある。テレビのコマーシャルでおなじみの安売り商店がひしめいて、とくに年末などには、何百万という人出でにぎわうことで有名だが、ここは、戦後すぐにできた〝闇市〟のなごりをとどめる商店街である。

敗戦後、戦争犠牲者が最後の拠り所として集まってきたのは、この闇市をかかえる上野だった。都内の浮浪者の実に五七パーセントがこの上野近辺に集中していた。しかし、パンパンと愚連隊、男娼にヒロポン患者などをかかえたこの一帯は、結局、暴力による掠奪的な支配地帯と化して、犯罪の巣窟となってもいたのである。この犯罪の巣窟をなんとか排除しようと躍起だったのが警察や都庁等であったが、夜露をしのぐムシロがけの〝住民〟は、十把《じゅっぱ》ひとからげにされて追い立てられ、その住居は焼き払われたのである。（一九四八年〈昭和二十三年〉十二月十五日付『東京新聞』）

《〝上野、小屋焼き払い〟十二月に入って五名の凍死者を出した十四日午前五時までに、区役所と警察百五十名が出動し、公園内、池の端周辺の小屋を焼き払った。おきざりにされた人たちは、次のようにいっている。「今度の処置は明らかに暴挙だ、このムシロでも一枚二十五円かかってる、家を焼き、収容はしないというのはわれわれに死ねというのと同じだ」（バタヤ村厚生会、会長山口剛氏談）》

続発する犯罪を取り締まるため、警視総監が上野公園内を視察するということがあったが、このとき、公園内を営業場所にしていた男娼の一人に、いきなり顔面をポカリとなぐられるという事件が発生した。これに怒った警視庁は、日没後の公園内は、立ち入り禁止の処置をとった。しかし、立ち入り禁止になったその公園内になおも多数の家なき人々が、親子ともども小屋がけの生活を送っていたのである。

不運な戦争犠牲者の行方をどこまでも見守るゼノさんは、一人この荒廃しきった上野の森に通いつづけていたのである。

赤羽教会ができたのを機に、長崎の本河内の修道院から移ってきたフランシスコ中村修道士は、先輩修道士ゼノさんの手伝いで、この時期の「葵部落」を訪ねたことがある。

「あのころの上野は、非常に怖い所でした。よそ者が近づいてはいけない所でした、私一人では、とても行くことはできませんでしたね。

ムシロがけのボロ小屋が公園の中にあっちこっち建ってましてね。小屋の前では、寝っころがってパンを食べていたり、オニギリをほうばっている者がいましたね。

そこへ、ゼノさんがドンドン入って行くんです、すると皆、急にニコニコとした笑顔になって、ゼノさんの廻りに集まってくるんです。『ゼノさんだよ、ゼノさんが来たよ』って口々にいい合ってね。

私が一人で行こうもんなら、どこのよそ者が来たかというような顔で、とても怖いんですが、ゼノさんが行くと同じ人間かしらと思うほどニコニコ顔になるんです。ゼノさんは、いつでも鞄にハサミを入れてましてね。のび放題になった髪の長い人を見つけては、頭を刈ってやるんです。シラミを取ってやったりね、DDTを頭からかけてやったりしてました。

上野に行くときは、たいてい、衣類などを荒縄でしばって、それをかついで、赤羽から電車に乗って行くんです。ときには、『聖母の騎士』誌を配ることがありましたが、その布教のためだけに行くということではありませんでした」

ゼノさんは、上野の森の窮民に、第二の「蟻の街」建設を呼びかけて行くのだが、その最初の結晶が、早くも実を結んだ。

一九五〇年（昭和二十五年）十二月に、いわゆる「葵部落」または、「墓地部落」と呼ばれていた地区の人々が、一つに集まって、「葵会」という自治組織を結成したのである。そして、全員によって総選挙がおこなわれ、会の会長と、各組長、班長が選出され、翌年一月二十七日には、正式の発会式を迎えたのである。

暴力だけが支配していた上野の森に、一つの街組織ができ上がったのです。宿泊所、食堂、駄菓子屋、八百屋、雑貨屋などの営業が開始され、徐々に街らしい機能を形成していきました。

警察と行政機関は、この街の存在を認めようとしなかったが、ゼノさんが中心になり、直接ＧＨＱに諒解を取りつけ、地区の自治的統制を確立していったのです。ここの幹部たちは、ゼノさんや「蟻の街」の小沢会長らと連繋を取りながら、一九五一年（昭和二十六年）春の台東区長・区議選挙には選挙権を得るまでになり、配給通帳の交付対象にもなっていくのです。

監督官庁が苦りきるこの〝不法占拠の街〟に、ゼノさんは、今日もせっせと救援物資を運びつづけていました。

一九五一年（昭和二十六年）一月十一日付『東京新聞』のコラム「眼と耳」欄に、ゼノさんのアピールが取り上げられている。

《……上野寛永寺境内にある〝墓地部落〟を毎日のように訪れては、貧しい人々に神の恵みを授けていたゼノ神父から、このほど本社に手紙がきた。「墓地部落に住んでいる人々の中で、現在産期《さんき》が近づいている婦人が七人いる。しかし、彼女たちは、生み出る子供たちに着せる一片のボロも持たない。私は重い風邪で、しばらくの間動くことを医者から止められているのでどうしようもない……」というのが手紙の趣旨。……手紙の末尾には、「お手紙を通じて読者のご協力をお願いしたい、キリストのお名において……」とあった》

この新聞記事がきっかけとなり、各地から救援物資が送られて来た。一ヵ月後、ゼノさんは送られて来た産着《うぶぎ》などを持って再び上野の「葵部落」を訪れた。

写真入りで、そのときの記事が載っている。

《……ゼノ神父は、本紙読者から寄せられた厚意の数々を、〝大きなカバン〟につめ、今日、四日の日曜日に、約一ヵ月ぶりで上野〝墓地部落〟を訪問、そこに住む百二十五世帯の中で、ついこの間出産を終えた三人のお母さんと、これから予定されている四人の人々に、赤ちゃんの衣類一切をつめた美しい七つの箱を、それぞれ神の恵みとして手渡した。……》

ゼノさんは、この上野公園内に救援物資を運び込むことだけが仕事ではなかった。むしろ、自立更生の街「蟻の街」化を推進するために奔走していたのである。

ゼノさんは、隅田公園内の、「蟻の街」の会長小沢求氏を上野の森に呼び、本格的なバタヤの共同経営についてアドバイスを受け、経営の具体化に乗り出す。まず、仕切り場を設置し、荷車の出し入れから荷の仕分けと、小沢会長の陣頭指揮を得て、街人がその活動を開始する。

また、共同便所がないことを知ったゼノさんは、自ら江東区の木場に出かけて行き、材木商からその資材の寄付を受け、トラックを公園内に横づけし、自らも金槌をふるって共同便所をつくった。さらに、子供を集める「日曜学校」を建設するための木材も集めてきた。

荒れすさんだ公園内の窮民地区が、少しずつ街らしく活気をつくり出してきたのである。

このゼノさんの活躍に、都の行政機関は苦り切っていた。『東京の公園八十年』という東京都が発行した記念誌があるが、この中で、上野の公園内に生活していた人々のことを社会的悪と決めつけて書いているくだりがある。

ゼノさんが建てた住宅を
視察しているのはミロハナ神父

「現在の公園内、不法占拠浮浪者は、いずれも、集団的、原始的、部落組織を形成しており、その態度もきわめて不遜強引で、バタヤたち、各会員相互の自主的運営組織を持つ強固な一団体となっているのである。彼らは、敗戦後の行政的虚脱期を利用して、比較的手薄な公園を占拠した一種の社会的悪と認めざるを得ない……」（『東京の公園八十年』）

ゼノさんは、行政側が社会的悪と決めつけて、結局は放置していた人々に手を差し伸べつづけたのである。

ゼノさんの窮民救済事業活動の本拠は、赤羽の教会であったが、その後、王子の飛鳥山公園内に開設された神学校の方に活動拠点が移った。以後は、王子を中心に、上野や各地の窮民部落を廻って歩くことになる。ここでゼノさんは、ゼノさんにとって大変に役立つ一人の修道士に巡り合っている。

バレンチノ小島さんという人で、ゼノさんの手引きで、修道士になった人物である。すでに故人になっているこの小島さんから、当時の話を聞き出せないのは残念だが、おそらく、この王子での数年間、ゼノさんの「蟻の街」全国化運動を陰からささえたこの小島さんの役割は、大変大きかったことであろう。

私が入手し得たゼノさんの活躍を伝える数々の書類の中に、この小島さんの筆による代筆の「手紙」などが沢山残っていた。おそらく、この一時期、ゼノさんの手紙の代筆、代読、新聞記事を読んで聞かせる役から、荷物の整理、発送、要請文の作成や、リストづくりを小島さんが一手にやっていたと思われる。

「ブラザー・ゼノ社会福祉主事」というゴム印をつくって、寄付を受けた人々にお礼状を出したのも彼ではなかったかと思われる。

この小島さんの筆による上野『葵部落』の窮状を訴えているゼノさんの手紙文があるので紹介しておきたい。

「雨の降る中を、上野山の病人を見舞うために、上野に若干の衣類と薬とを持っていった。ついで、『葵部落』に寄って見る」と、書き出されたこの手紙の要旨は、次のようなものだった。

〝上野の山に住む人々が、土地の売却によって、追い出されるという話が現在起こっており、部落の人がようやく、箱のような小さいながらも家を持ち、一つの部落という形を取って、協同生活を営むようになり、人間らしさを少しでも取りもどそうと努力している矢先に、追い立てるというのは、あまりに非情ではないか。しかも、文化都市の建設や観光事業にとって、バタヤ部落は目ざわりだということで、ただ追い出すだけでは、文化の名が泣く。これら困った人を助けることこそが文化であり、社会のすることではないかと……。〟

さらに、別の手紙では、〝一ヵ所しかない水道を増やして欲しい〟こと、〝電燈をつけて欲しい〟ことなどが、関係当局や、新聞社宛に書かれている。
これに対して、上野公園内にできた「葵部落」のその後について、行政当局の資料は、次のように記している。
《葵部落は南と北の二集落にわかれていて、昭和三十年十二月一日現在で、北部落（現在の西洋美術館の前あたり）に百四十八世帯、九百八十五名、南部落（現在の芸術院会館の前付近）九十六世帯、六百名、計二百四十四世帯、千九百八十五名が定住していた（都公園緑地部調）。東京都では、これら公有地の不法占拠の住人を、立ちのかせるべく、説得を重ねたが効なく、昭和三十一年四月一日限り、退去させるため、葵部落ならびに、隅田公園「蟻の街」部落にも働きかけ、月島八号地に五千坪の土地を斡旋し、経費一千二百万円をもって整備、「蟻の街」部落を移転させ、ここに葵部落住民を引き取ることを条件とした。しかし、移転せずに残留した一部は、独自に集団居住のためのアパートを建築するに至った》
私は、かつて公園内に窮民地区を形成して生活していた人々の一部が、いまも公園内にアパートをつくって残留するという記載があるのを知り、そのアパートを捜して歩いた。動物園の敷地も含めると、八十四ヘクタールもあるこの広大な公園の中には、国立博物館、国立科学博物館、国立西洋美術館、都美術館、東京文化会館、芸術院会館、などの文化の殿堂がその威容を誇って建っている。近代日本の文化は、上野の山から下りてきた、といわれるほど、文化の香に染ったこの上野の森に、かつて窮民部落が存在した事実を知る人が、いまいったい何人いることだろう。台東区役所の若い職員たちは、私か捜している〝アパート〟について首をかしげるだけだった。

私は、ゼノさんの働きを知りたいために、その〝アパート〟の住人たちを捜して歩いた。JR上野駅公園口を出ると、すぐ前が東京文化会館である。その右手にロダンの『考える人』が展示されている西洋美術館が並び、さらに、右手に進んでいくと科学博物館に出合う。私が捜していた〝アパート〟というのは、この西洋美術館と科学博物館の、ちょうど間に位置する所に存在していた。はとバスなどが駐車する上野公園駐車場の前に「竹ノ台会館」というモルタルでできた食堂や売店があるが、その建物の奥に、捜していた〝アパート〟は建っていた。

公園内にアパートが建っているというのは奇妙な光景だが、ここは森や美術館の建物や樹木に隠れて、その存在が部外者にはまったくわからないようになっている。食堂や売店のある建物の奥の裏側へぬけないと二階建の「コの字型」になった〝アパート〟の存在はわからない。やっと捜しあてた私は、そこの住民たちに声をかけ、ゼノさんの活躍を知る人を捜した。かなり年輩の婦人たちに声をかけたのだが、ゼノさんのことを知っている人はもういないという返答しか返ってこなかった。現在の住人たちにとって、ゼノさんの話を語るということは、ここがかつて窮民の街であった時代を証言することとなり、それを語ることのできる人物はもういないということなのであろう。

現実に上野公園内で〝アパート〟が建ち、何百人もが現在も暮しているという事実だけを確認して、私はその特殊ないきさつをもつ〝アパート〟を後にした。

去りながら上野公園口からアメヤ横丁の方に向かって急な坂を下りて行ったが、その昔、ゼノさんが何百回と往復しただろう、その坂道を、私もまた踏みしめてみた。

息はずませて、困窮者のために寄付を求めて奔走するゼノさんの姿が目に浮かんで来るようだ。西郷さんの銅像のある、公園広場のすぐ下に大ガードがある。グレーのペンキこそ塗られているが、敗戦後のままの構造物だというこの一画にたたずむと、人ごみの中から、いまにもゼノさんが、急ぎ足でやってくるような思いにかられた。

私は、赤羽教会時代のゼノさんを知る、藤井春平さんの話を思い出した。

「ゼノさんのやり方は実に上手なんです。生活の知恵っていうのか、話術が実にうまいんです。上野公園の中にあった『葵部落』に行ったときなんかね、小屋を建てるのに釘がないので、ゼノさんに連れられて、町に出たわけです。金物屋の所に入って行ってね、ゼノさんは、いきなり寄付しろとはいわないんですよ。『クギ、アルデスカ』って聞くわけです。すると、主人がもちろんありますといって、いろいろと種類を出すわけです。いっぱい、山のように出させておいてね、やおらオンボロ鞄からね、例の新聞の切り抜きを取り出して、たたみかけるわけです。店主は、初め、ああ外人だしいいお客だと思ってすごく親しみやすい声を上げるんですよ。

『ああ、この写真は神父さまですね、ホーなるほど』とかいってね。そこでゼノさんいうんです、『ドウデス、コウイウ人タチ可哀相デショウ』と。すると店主は、『ええ可哀相ですね』と答える。そこでゼノさん、『ドウデショウ……ソレデネ、コノ人タチヤリタイデス。アナタコノ人タチノタメ、クギアゲルデキルデショー』とね。ああ、なんだ、寄付取りだったのかと気づいたときは、もう遅いわけです。目の前に品物が山のように出してあるわけでしょう。寄付だとわかったからと、すぐに全部引っ込めるわけにいかない。

店主はついに、『それじゃ、お手伝いさせてもらいます』といわされちゃうわけです。

私は、もうそういうとき、ゼノさんのうまい寄付集めの手口を知ってるもんだから、小さくなっているわけです。もういいから早く帰りましょう……なんて気持ちで、戸口に立って待ってるんです。

でも、ゼノさんは、必要なものは、必ずなんとしても手に入れる人でしたね。材木でもそうです。

これとこれ、何本何本欲しいですっていって、なんだかんだと話しこみ、結局は、寄付させてしまうんです……」

「復興」に取り残された人々の自立を扶ける

一九五二年(昭和二十七年)、占領時代は終わりを告げ、四月二十八日には講和条約が発効し、日本は独立国として、国際社会の一員として復帰することになった。それまで街に溢れていた占領色は次第に消え、朝鮮戦争(一九五〇年六月～一九五三年七月)の特需ブームで息を吹きかえした戦後日本経済は、「食」から「衣」へ移って行き、ナイロンやビニロン、アセテートが衣料として街に出るようになった。消費文化がウンヌンされだすこの頃になると、慈善活動をして来た米兵やプロテスタントやカトリックの僧たちの姿は、めっきりと少なくなっていった。

だが、ひとり〝青い目の外人僧〟ゼノさんは、街を飛び廻っていた。「蟻の街」全国化という目前の大事業の計画が、ゼノさんを休ませないのだ。

そして全国津々浦々から、ゼノさんに助けを求め声が聞えてくる。

《ゼノ牧師様、先日は、ようこそ御訪ね下さいました。いつも乍《なが》ら、深い御理解と温かい御同情の御心に、一同、有り難く感謝して居ります。東京の井戸底、この貧民街、総武線のガード下から臆面も無い次第ですが、所謂、「底辺に生きる」実態を真裸に述べさせて頂いて、崇高な御心に応えさせて頂き、亦引いては、一人でも多くの社会の皆様にも正しい御認識と温かい御同情を得ますならば此の上も無い喜びに存じます。

抑《もっと》も、此の社会から「バタヤ部落」、「スラム街」と特種の蔑視、非難、悪口指弾を受け乍《なが》らも何故に此の生業をつづけねばならないか、職業には貴賤なしとは云い乍ら凡《およ》そ此の生業の存在性さえも否定されているような感が誠に深く、……自ら卑下して生きて行かねばならないみじめな現実を御賢察下さい。決して誰一人、好き望んでこんなみじめな所へ来たのでもなく、ただ此の道に生きているのでもありません。……

底をはっているのがこのバタヤでありましょう。しかし、そのバタヤもまた人の子であります。せめて人並の生活をと乞い渇望するのは愚痴と云うものでしょうか。

苦難の坂を彷徨流転して幾年……行く家なく住む所なく、金もなければ力もない者がようやく辿りついた此の世界、初めてここに生きる道を発見し、明日の米を求めて一身を投入し、たとえ暫くの間でも就労の安喜によみがえり得たのであります。ここは、再起のための待合い溜り所なのです。……》

手紙はさらにつづき、一千名におよぶこのガード下の住人は、自治組織を結成して、会員一致団給して防火、防犯、防疫、福祉、渉外などの部門を設けて活動していることを述べている。そしてゼノさんに国鉄から立ちのきを迫られている問題に、一肌ぬいでくれと訴えている。

どこの窮民地区でも、この立ちのき問題が、一番大きな問題であった。隅田公園内の「蟻の街」が終始それと闘っていたように、各地の窮民の悩みは、生存を否定される〝立ちのき問題〟だった。

各地の窮民を襲《おそ》うこの問題に、ゼノさんは心をいため、国鉄や関係当局へ善処がた理解を求めに出かけるのだった。そして、世の関心をこの窮民の存在に向けさせようと、新聞社や市、県の窓口、警察を廻った。

窮民地区に関心を向けさせる一つの方法として、ゼノさんは、街の中心に十字架の立つ「日曜学校」を建設することに努力したのである。全国の窮民の街を

佐世保駅裏にできた窮民地区（1950年1月21日）

廻って、その街の有志たちに、街の存在をもっとアピールすべきだと説き、そのためには街の中心に、そこに住む人々の心の拠り所となる十字架のかかった「日曜学校」を建てるべきだと説得して歩いた。この「日曜学校」の建設は、大いに効力を発揮したのだ。

長崎県佐世保市駅裏の窮民地区の中に十字架の立つ「日曜学校」を建設したのは、一九五二年（昭和二十七年）三月のことである。

《さきほどから佐世保の駅裏に、戦災孤児たちのために、精神的なよりどころを与えようと、ゼノ神父さんは教会堂を建てていたが、三月六日、孤児ら約五十名を集め、佐世保カトリック教会、田川神父を初め、社会課、馬場さんや市長、佐世保駅の方々を招いて、ささやかな落成式を行なった。同教会堂は、ゼノさんが二年前に建ててやった、掘立小屋の住人たちの真心と、同市内の材木の贈物によって建築されたもので、広さは四坪》(『長崎日々新聞』)

ゼノさんは、佐世保で「日曜学校」を建てた後すぐに北九州の小倉に飛び、小倉浅野埋立地にあった窮民地区の中ほどにも日曜学校を建てた。

《北九州・小倉、三月十七日、小倉市浅野埋立地の約七十世帯のバタヤ部落の真中に、木香も新しい四坪学校が完成した。ゼノ神父は、すでに三回、同地を訪問、約四十人の学校適齢児のうち、二名だけしか通学しておらず、他は放置されたままなので、立ち退き命令の出ている同地の学校の維持発展を市長、市役所を

神戸で市役所の土地寄進を交渉中

廻って依頼している》(『朝日新聞』)

この九州の二ヵ所で「日曜学校」を建設したゼノさんは、その直後東京に舞いもどり、浅草の東本願寺を根城にする子供たちのために、「日曜学校・愛のクラブ」を開設している。同じ年の六月十日の開校である。

ゼノさんが、隅田公園内の「蟻の街」をモデルとして、その全国化に奔走し、彼がなんらかの関わりをもつに至った全国の窮民地区の数は、記録に残っているものだけでも十六地区にわたっており、それは次のような地区であった。

北海道瀬棚郡北檜山町。東京都の総

さあ、みんなで一緒に働きましょう(小倉の「蟻の街」)

武線ガード下「みどり親交会」。隅田公園内「蟻の会」。上野公園内「葵会」。浅草東本願寺地区。江東区塩崎町。港区芝の「札の辻」。新潟県の十日町及び新潟市二葉町。大阪府吹田「緑の町」。兵庫県西宮市武庫川。神戸市長田スラム街。北九州市小倉の浅野埋立地区。福岡市の長浜地区。長崎県佐世保駅裏地区。長崎市竹ノ久保「蟻の街」。同城山「蟻の街」。

ゼノさんは、これらの窮民地区に突然現われては、住民の悩みと願いを聞き、警察、市役所、国鉄、病院、米軍基地などにかけ合い、その窮状を訴えつづけていた。今日は西、明日は東にと、寄付集め兼渉外係として、ゼノさんはいっときの暇もない忙しさだ。

ゼノさんの休息時間は、教会のミサの時間だった。手を組みその太い手にロザリオを握りしめてマリア様に祈りを捧げる時間こそ、ゼノさんの休息の一刻だった。聖堂に額づきミサが始まるとゼノさんは眠ってしまうのである。教会の信者たちは、眠りこけるゼノさんの姿をよく見かけたものだという。

ゼノさんは、よくいっていた。「天国行ッテカラユックリ休ミマス」と。

福岡の長浜にあった、大きな窮民地区を取材に行ったとき、敗戦後、福岡司教区長をしていた深堀仙石エ門司教の協力を得ることができた。ゼノさんは、福岡市浄水通りにあった司教館を基点にして、北九州の各地を飛び廻っていたという。

「ゼノさんはね、農村の信者の家を廻っては、お米の寄付をもらって来て、それを長浜の部落に持って行って配ったりしてましたね。

ゼノさんは、どんなに夜遅く帰ってきても、チャペルに入ってミサをあげるんです。ミサというのは、司祭（神父）しかあげられませんから、私が一緒に行って、ミサをあげるんです。

ミサが終わると、ゼノさんは、ニコニコした顔でね、私にいうんです。『明日ハ、タクサン、エンジョアリマス、フカボリシンプサン、ココニアズカッテクダサイ』なんてね。

米軍からいっぱい物をもらって来て、一時私の教会に置いて、あっちこっち配って歩いてましてね。それこそ、朝は一番で出かけて行く忙しさでしたよ」

ゼノさんは、文字通り体を張っていた。アウシュビッツで殉教した、師コルベ神父に負けまいとするかのように、あらゆる貧しき人々のために身を粉にして働く姿は、それこそ「殉教」を求める僧侶の殺気さえただよわせていたという。

福岡の浄水通りは、夜八時過ぎになると、ひとっこ一人通らない淋しい町であった。夜ごと辻強盗が出没するという恐ろしい事件が続いていた。

「いつだったか、もう真夜中でした。どうしても朝には着いていなきゃいけないからと、夜行列車に乗るんだといって、夜中に街に出ようとするんです。私は止めたんです。朝一番にした方がいい、強盗にやられて死んだら何もならないといって止めたんです。

そしたらゼノさんは、腰のロザリオを持って、これがあるから大丈夫だというんです。『コレ、ワタシノピストルデス』っていってね、どうしても行くんだといって出かけましたよ。ゼノさんには、命を捨ててもいいんだという気持ちがあったんですね。……」深堀司教の言葉であった。

私は、この命知らずの休息なき修道士の働きを追って、さらに彼が立ち寄った窮民地区を捜してみることにした。

長崎「蟻の街」

ゼノさんが残していた書類の中に、一通の子供作文が目に止った。西宮、武庫川の橋の下に住んでいた一少女のものである。

「私達は小学校の頃、学友達に『橋の下のこじき、おまえなんか学校へくるな』と云って足でけっとばされたり、石をなげつけたりされました。学校の本をとったおぼえもないのに本どろぼうといわれました。

私が橋の下の子だからきたないといって、だれもよりつかないで遊んでくれませんでした。休み時間になると私は学友達にいじめられるからだれもいない所でかくれて勉強時間がくるのをまっていた。……雨がふったら私の家はかさが一本もなく、ぬれて学校へ行きました。家に帰ってお父さんがお酒をのんで母をいじめて家の中のあるものを割ったり、投げつけたりして、あばれるので夜はねられずに父のいないうち、そうっとふとんを持ってきて、寒い冬の日に川原で母と姉妹六人がそこでねるのです。

私は学校から帰るとすぐ小さいかごを持ってひろいやに行き、夜は学友達に見つからないように午前一時まで妹と二人で大きな車をひいてバタ屋に行きました。拾った紙くずやカンカンを、よせ屋に売りそのもうけたお金で妹弟の服を買ったり学用品を買います。

私が、一番楽しい時は、ゼノ神父先生が、私達のところに来て橋の下のブラクの子供を集めていろいろな洋服、お菓子など持ってきて子供たちにくれる時です。日曜日は、運動会をひらいてくださり楽しくすごせます。橋の下のブラクの人達はみんな涙をながして喜んでいました。

私たちの苦しみを、なぐさめはげましてくれるのはゼノ神父先生だけです。私達、橋の下の人たちを愛してくれ、子供たちが遊び場がないのでかわいそうだといって、ブランコをつくってくれました。……」

ゼノさんが、この武庫川の橋の下に住んでいた子供たちのためにブランコをつくってやったのは、一九五五年（昭和三十年）十一月のことであったが、それより先、全国各地にできた「蟻の街」の人々と子供たちのために、ゼノさんは、運動会を開催して廻っていた。

まだ自ら運動会を楽しむ余裕のなかった窮民地区の人々にも、運動会を楽しんでもらおうとゼノさんは考えたのである。

一九五三年（昭和二十八年）の八月から十一月にかけて、ゼノさんが全国の「蟻の街」を廻って運動会を次々開催して歩く様子を、当時の新聞記事から拾ってみよう。

八月二十三日 大阪東淀川区上二大橋下で、運動会／九月二十日 福岡土管部落（長浜部落）で運動会／十月二十四日 長崎竹ノ久保で運動会（ここは山の谷間だったが、ゼノさんは段々畑をぬい、わずかな斜面をかけずり廻っての運動会を開いた）／十月十日 東京隅田公園内「蟻の街」で運動会（ここは本格的な運動会だ）／十月二十三日 小倉浅野埋立部落で運動会。

運動会と一口でいっても容易ではない。運動器具の借り入れから、入賞者の景品集め、お弁当の心配、会場の確保と、やることは山のようにある。福岡市の長浜部落で運動会を開催するゼノさんを新聞が伝えている。

《秋の空もぬぐったように晴れわたった二十一日の午後、福岡市長浜埋立地で黒衣姿の神父さんも交え貧しい子供たちの運動会が始まった。『愛する天のお父さま、空飛ぶ鳥にもねぐらがありますように、どうぞこの一千人の兄弟たちにも安らかな生活といこいを……』と無邪気に口ずさみながら飛び、跳ね、駆ける子供たちは、福岡市長浜新地、またの名でバタ屋部落という〝陽の当らぬ場所〟に住む薄幸の子。そして傍から笑顔で温かく見守る黒衣のおじさんは、きょうもまた、この部落を訪れたカトリックのゼノ神父さん（東京都居住）。

運動場の真ん中に仮設された本部席には、ゼノ神父さんがポケット・マネーで買った、ハンカチ、鉛筆、お菓子などの賞品が山と積まれ、きょう一日、子

福岡で子供たちと運動会

供たちの夢を誘っている。

ビスケット競走、婦人札取り競べ、学年別リレーと会場の雰囲気が、生活の疲れから爆笑の渦に変わっていった時、神父さんは黒衣を脱ぎ捨て白カラーをはずして、とうとう駆け競べに加わった》一九五四年（昭和二十九年）十一月二十二日付『福岡日々新聞』）

こうしたゼノさんの全国各地での活躍は、バタヤ部落中央本部とでもいった、東京の「蟻の街」の小沢会長や松居さん、北原怜子さんたちの大活躍と呼応したものだったが、バタヤ部落の対社会的認知を得るために、東京の「蟻の街」は大いに宣伝につとめていた。〝話題〟を次々とつくり、それをマスコミに流した。

松居さんが書いた『蟻の街の奇蹟』（国土社刊）は、大きな反響を呼び、ついで北原怜子《さとこ》さんの手による『蟻の街の子供たち』が出版された。さらにその若い娘の献身ぶりが話題をふくらませ、「アリの街」ブームの観を呈していた。

一九五三年（昭和二十八年）六月には、「劇団東芸」の手によって、松居桃楼さんが書いた『蟻の街の奇蹟』が劇化され読売ホールで上演された。さらに宝塚雪組は、高木史郎演出で、『星の降る街のマリア』を上演。北原怜子さんやゼノさんのモデルが、スクリーンや舞台に登場した。

上野の「葵部落」でマリア像の除幕式がおこなわれたり、田中最高裁判所長官がメッセージをよせておこなわれた「蟻の街」での荘厳なミサが話題にもなった。同じ年の十一月、「蟻の街」会長小沢求さんが、首相官邸において〝善行賞〟を受けたりして、取り残された窮民地区の存在が社会的に大いに知られたのである。

ゼノさんは、この中央での北原さんや、小沢さんたちの活躍を伝える新聞記事や写真をせっせとスクラップして自分の記事に加え全国各地を廻り、さらにオルグしていった。中央の「蟻の街」が話題になればなるほど、ゼノさんも寄付を集めるのがはかどったのである。


全国を廻ってゼノさんがまいたタネが、どのように育って行ったかを、次に見たいと思う。

元祖「蟻の街」たる隅田川の「蟻の街」が、北原怜子さんらの活躍で、新たに五千坪の土地を得て移転が決ったころ、第二の北原怜子ともいうべき女性が、長崎の「蟻の街」に登場していた。おそらくこのエピソードは、「蟻の街」運動の最後期のものだろう。

長崎市におけるゼノさんと「蟻の街」の関わりについて、ミロハナ神父の証言がある。

「ゼノさんは、何度も何度もしつっこいほど、私にいいました。『ミロハナ神父サマ、ドウカ助ケテアゲテクダサイ、ドウカ、一度見テクダサイ』と。そのころ私は新たに『聖母の騎士園』に入ってくる子供のことや、シスターたちの修道院をつくることなんかで、手が離せなくて、ゼノさんの頼みをすぐには聞けなかったんですが、あんまりゼノさんが頼むので、貧しい人たちが住むという地区に行って見たんです。本当にビックリしました。戦争が終わってもう十数年たちますのに、まだあんな所があったのかと思いました。

電気もありません、窓もありません、倉庫のような所に住んでいるんです。これじゃ、ゼノさんがやかましくいうのはあたりまえだと思いましたね。私は、ゼノさんと長崎の関係者を廻って、住居建設をお願いして歩きました。後にあそこに、『みさかい住宅』という鉄筋アパートをつくりました」

長崎市内の窮民地区にゼノさんが足を入れるようになったのは、おそらく一九五一年（昭和二十六年）の頃からではなかったろうか。長崎の取材で知った写真家の真木満氏が、長崎の窮民地区に足しげく通っていたゼノさんを覚えていたので、当時の模様がわかった。

長崎が原子爆弾の惨禍を受けて七年目、そろそろ焼けただれた街も、トントン葺の屋根も取り除かれ、セメント瓦に変わり、また鉄筋の家もボツボツできるようになったある日、真木満さんは、ゼノさんに呼び止められた。ゼノさんは写真機を肩からさげていた真木さんに、いまから窮民地区へプレゼントを持って行くところだが、自分と一緒にきてプレゼントしているところを写真に撮って欲しいと頼んだ。「ワタシ、ビンボー、オカネアリマセン、写真ウツシテモオカネアゲルデキマセン」と語りかけるゼノさん。真木さんは、ゼノさんが慈善活動をする神父さんであることを新聞などでよく知っていたので快く承諾し、ゼノさんの後についてその窮民地区に入って行ったという。

「ゼノさんは、竹ノ久保の火葬場の上の市の遊休地を借り受けて、そこに『蟻の街』というバラック群を建てて、家のない人たちを住まわせていましたね。

長崎の復興は速度を早めていて、公園や川原に建っていた不法建築が市の条例で次々と撤去されていったんですが、追われた人たちは、行き場がなく困ったんですね。それをゼノさんが土地を見つけ、小屋をつくって引き受けたわけなんです」

長崎、中島川の「蟻の街」へ衣服のプレゼント

長崎市街を流れる、中島川の川原に住んでいた家なき人々を救済すべく土地捜しをしていたゼノさんは、竹ノ久保以外、もう一ヵ所城山地区に市の所有地があるのを知った。

ぐずぐずいうばかりでいっこうに具体化しない役所仕事に業をにやし、ゼノさんは、その土地に倉庫をつくるとみせかけて、小さな小屋を次々に建てて行ったのだ。例によって、材木類は寄付である。ゼノさん自らも大工となって、急造の住居をつくり、家がなく駅や地下壕で生活していた人々をそこに連れてきて住まわせたのだ。ゼノさんのこの強行突破にあおられて、役所は結局、不法建築物の存在を黙認することになり、市は借地として、その二つの地区に人が住むことを認めるのである。

「長崎の貧乏人は、だれでもゼノさんを知ってますよ。みんなあの人に助けてもらったんだからね」何度かの長崎取材旅行で、私は、そんなセリフを耳にした。

この、竹ノ久保と、城山地区の二つの窮民地区をゼノさんは、長崎の「蟻の街」と名づけてつくったのだ。

私は、この長崎「蟻の街」において第二の北原怜子さんともいうべき吉田京子さんという若い女性がいたことを知った。

彼女は、北原さんと同じように大学教授の娘であり、カトリック信者であった。しかし、すでに戦後十五年もたっており、時代の様相は一変していた。だれもかれもが貧しかった時代から、貧富の差がくっきりと分かれだし、一部の取り残された貧しい人々は、周囲との格差を開けて、それだけかえって悲惨であり希望を持てずにいた。

彼女は大学を卒業した後、長崎大学の教授だった父を助けるかたわら、自宅の近くにあったカトリック城山教会に出入りしていた。ある日、カトリック城山教会の神父から、一人住まいの寝たきり老婆に、教典の一つである「公教要理」を教えてやってほしいと頼まれる。

その老婆は、中村キヨさんといい、城山「蟻の街」の一隅に、一人で寝たきりの生活をしていた。そんなことから彼女は、貧しき人々の住む地区へ足をふみ入れることになった。彼女は、次第にその地区全体の悲惨な生活を知ることで深く「蟻の街」の人々と関わって行くのである。

一度その地区に入ってしまうと、道が迷路のように入り組んでいて、容易に出られないというほど小さな小屋が、軒をつき合わせて密集していた。

黒く塗った倉庫風の小屋は八畳ほどで、半分ベニヤ板で仕切って、部屋が二つつくってあり、四十ワットの裸電球がたった一つ、両側に分かれた二家族をようやく照らすというふうだった。床は板の上にゴザが一枚だけ、水道、流し台もなく、七輪を持ち込んで、窓らしい窓もない部屋をくすぶらせて煮たきをしている。六百人も住んでいたというこの地区には、水道がたった一ヵ所しかなかった。

雨が降ると、どの家もポタポタと雨もりがする。蒲団がぬれると大変だからと、雨もりをうける桶がないので、コウモリ傘を逆さに天井から吊して雨をよける始末だった。

吉田京子さんは、初めこの部落の中村キヨさんの家だけに出入りしていたのだが、いつもフロシキ包になにがしかの品物を持って、中村さんの家だけに入って行くのが気になりだした。というのはあの家だけがいい思いをしているという隣近所の目を感じるようになったからである。それとなく隣の家の人にも声をかけ、品物を渡すようになるのだが、もらう方は「乞食みたいでいやだ」という。

恵み与えるやり方はいけないのだと、すぐ悟った彼女は、古着などを買って来て、それを修繕し、それをうんと安くして、各自に買ってもらうという方法をとった。恵み与えるのと金銭的には同じだが、乞食のようにただもらうのと、べらぼうに安い金でも買ったというのでは大いに気分が違っていた。

彼女は、友人たちにそのことを話し、週一回、部落の中でバザーを開いた。わずかな金で、いろいろなものが買えるこのバザーは、部落の人々を喜ばせた。

彼女は、初めほとんど持ち出しだった、自分の貯金を使いはたし、父親の古着もなくなった。彼女が次に考え出した方法は、自らリヤカーを引いて、バタヤをやることだった。大学を卒業した女性がバタヤをやるというのは、勇気のいることだった。だが彼女にとってできる唯一の合理的な方法が、このリヤカーを引いての廃品回収業だったのである。ものすごい勇気が必要だったが、リヤカーを引く若い大学教授の娘の仕事ぶりは関心を呼んで、彼女のバタヤは意外にも繁盛したのである。

あまり繁盛したので、会社にしたらどうか、資金を出すという人物まで現われるほどだった。姿形はみっともないと思ったが、その収益でパンのない子供にパンを買い、学校に行けない子供たちに学用品一式を買い与えることができるので、熱が入った。

彼女は、子供たちには小遣いとしては決して現金を与えるようなことはしなかった。小遣いのない子には、一本九円で買った瓶を十五円で買ってくれる酒屋に持って行かせ、その差額をためて、小遣いにあてるように指導した。

そこに住む子供たちを対象に、城山教会の指導で「ロザリオ会」という子供会ができ上がった。彼女の知り合いの学生たちが、日曜日に勉強を見たり、遊んだり、教会の神父を囲んで聖話を聞いたりする子供会だった。自ら働くことで小遣いを手にするようになった子供たちが、次第に元気を取りもどし、明るくなった子供たちに引きずられるように、親たちの意識が次第に前向きになった。

刑務所に出たり入ったりの暗い生活をくりかえしていた親が、バザーに参加して来たり、教会の催物に顔を出すようにもなり、ケンカの絶えなかった暗い街にも、少しずつ笑い声がもどってきたのである。

この吉田京子さんに助けられ更生した刑務所帰りの老人、中村建一郎さんは、ちょうど東京の「蟻の街」の小沢会長のように、自らすすんでこの街の世話役となって活躍するようになるのだが、この中村さんが、全国を飛び廻っていたゼノさんに、長崎城山の「蟻の街」の現状を報告している手記が残っている。この中村建一郎さんは、吉田京子さんが初め「公教要理」を教えに行っていた中村キヨさんのご主人であった。

「何を隠しましょう、私は前科者であります」と書き出されたその手記は、中村建一郎さんが諫早刑務所を出所して、家に向かったときのことから述べてあった。

「妻は私の姿を見て、何の文句もいわず、涙をもって迎えてくれました。世の善悪を越えた夫婦の愛情が身にしみじみと痛感しました。見れば妻は、病床に呻《しん》吟《ぎん》し、天井から雨漏りを防ぐためか傘を吊《つる》して、辺り一面、畳は腐り、実に見るに忍びない憐れな有り様でした。聴けば心臓病のために、三ヵ年余り臥床《がしょう》しているると、涙ながらの物語りに、いかなる私も断腸の思いがしました。妻が心づくしの赤飯も喉に通らず、この悲境をいかにして開拓するかと、心を砕いておりますとき、長崎大学の教授の御令嬢、吉田京子さんにお会いしました。

とても親切なお方で、私の身の上に御同情下さいまして、『ぜひ更生して下さい。そしてカトリック信者になって下さい』と切なるおすすめに、私も〝公教要理〟を研究する気持ちになりました。其の日早速マリア学院のクルッパア神父様に御紹介して戴き、その後約一ヵ年間、クルッパア神父様より指導を受け、初めて神を知ることができ、昭和三十五年（一九六〇年）五月二十五日、過去の罪を赦され受洗をなし、神の愛子となる光栄に浴しました。

吉田女史は、私のためには最寄のマリア様でありました。身は大学教授の御令嬢でありながら、単身荒れ果てたアリの町に突入し、貧しき人を慰め病人を見舞い、殊にカトリック信者として守るべき小斎日、即ち金曜日には、私を連れてリヤカーを引張ってボロを買い、その収益金を貧しき人に施し行う。ああ何と云う熱愛に満ちた御方でしょうか。私のような愚か者が勿論神の御恵みにもよりますが、私を神に近づけていただいたのは、とりもなおさず、吉田女史の賜ものであります」

こう書く中村老人は、子供たちの「ロザリオ会」を組織し、ゼノさんとの連絡係をつとめ、もう一つの長崎の「蟻の街」竹ノ久保の世話役代表、島田利久さんと窮民地区の将来について協議したりして活躍した。

陽のあたらない逃げ場のない生活を強いられる悲惨な一家を目の当りにしながら、その苦悩をともにしようとするゼノさんと吉田京子さん二人の姿が、そこにあった。決して、マスコミなどには取り上げられることのない現実が、貧しい人々の中ではつづいていたのだ。

検察庁から収監の書類を持った役人が、生活苦から恐喝のかどで実刑を受けた男を連行しにきたときの模様を、中村さんはゼノさんに訴えるかのように書き送っている文章がある。

「そのときは、長男と次女は学校に行って不在でしたが、五歳と三歳の児がいました。奥さんは、夫の苦しい様相を凝視し、溢れ出んとする涙をジッとこらえて、二人の子供に向かい、『父チャンは汽車ポッポで遠いところにお仕事に行かれるからさようならしなさい』と、いうのもしどろもどろ。湧き出る涙を隠しきれず、かすかにススリ泣くその異様さを、どうして感受性の強い子供たちが見逃しましょうか。

検察庁のお方が、『さあ行きましょう』といったら、五歳になる子がいきなり父親にむしゃぶりつき、『行っちゃ嫌！』とワッと泣き出し、下の子までがすがりつきました。

左右に可愛い我が子にすがりつかれた瞬間、主人の両眼から大粒の涙がポロリと流れていました。

奥さんは、それを見かねて、二人の娘を無理矢理に自分のそばへ引き寄せました。

引かれ行く夫の様子をみつめながら、奥さんは、『あんた、あんた』と悲痛な叫び声をあげ、その心情は本当に可哀相でした。……」

とりすがって泣く子供と母親の哀れな別れの場面があった翌朝、中村さんは母子の身を案じて、もしやと思いその一家を訪ねてみた。不安は適中した。一家心中寸前のところだったのだ。

声を荒げて母親をしかった中村さんは、死ぬつもりで五人の子供のために強く生きなさいといいきかせ、吉田京子さんに相談し、まず一日分の米代として三百円を渡し、さらにゼノさんに頼んで、小麦粉十キロを手渡し、教会の童貞さんたちにも手助けを頼むのだった。

一九五八年（昭和三十三年）に「蟻の街」のマリア北原怜子さんが亡くなった後、長崎の「蟻の街」に出現した大学教授の娘、吉田京子さんを第二の北原怜子として世に出そうとしたのはゼノさんだった。

「アナタ、ラジオ、シンブンデマス、スルト、ミンナ感心ナヒトアルコト知リマス、蟻ノ街ノキタハラサトコサン、コレ長崎ニモアリマス、ドウデショウ、ワタシ、シンブンシヤ、イッパイトモダチイマス！」

ゼノさんは彼女をつかまえて、切々と訴えた。経済成長の陰で忘れられた貧しい人の窮状を訴え、よりいっそうの浄財と人々の関心を得るようにと、ゼノさんは一生懸命考えてのことであった。

しかし、吉田京子さんは、このゼノさんの申し出をガンとして受け入れなかった。

吉田京子さんは当時をふり返っていう。

「私は、ゼノさんのようにはできない人間だという思いでいっぱいでした。なまじっか少し人を助けるようなことをしたもんですから、ゼノさんの働きがどんなに大変なことかがよくわかっていたんです。わかればわかるほど、自分はとてもできないという気持ちでした。あれは、北原怜子《さとこ》のまねをしているんだろうと、陰口をいう人もいましたよ」

それだけではなかった、貧乏の苦しさは、本当に貧乏をした人間でないとわからないのではないか、自分のやっている行為は偽善ではないか……そんな悩みをかかえての活動だった。だから、とても世論の矢面に立って、自分の行為を正当化するところまでいかないという思いだった。

すでに北原怜子が出現する時代とは違っていたのだろうか、吉田京子さんの考えややり方は、北原さんと似た境遇にありながらも、ずいぶんと違っていた。彼女のやり方や考え方を示すエピソードがある。

彼女が通う窮民地区でのこと、いつもパンに水をつけて食べるだけの女の子がいた。吉田さんは、その女の子の手を引いて、その小さな手に鍋を一つ持たせ、ある食堂の裏口へ立った。

残りもののおかずでも、もらえないだろうかと店の人に声をかけた。すごく勇気がいることだった。すると、事情をのみこんだ食堂の主人は、ああ、いいよ、いつでもいらっしゃいと、ホカホカのおかずとご飯を女の子の鍋にいっぱい入れてくれた。

彼女は、女の子が自ら勇気を出してこそ、貧しさを打ち破れることを教えたかったのである。まず、「欲しい」という主張をすべきだと、彼女はいいたかったのだ。彼女は、悩み多いボランティアである自分を知っており、ゼノさんのようにはできないという思いが、ガンとしてあった。

「ハジカクト、ゼノノタメ、寄付モラウ、コレマリアサマノタメ」こういって貧しき人々のために与えつづけたゼノさんは、ずば抜けた神ならではの大人物だったのだ。たしかにゼノさんは、恵み与える使者として徹底していた。たとえ事情や社会条件が変化してきても、まず与えよ、説教はそれからだと……。

まさに、飢え死にしようとする人間を前にして、このゼノさんの態度は、圧倒的に真実である。パンが、家が、服が、毛布がなくて人間は生きられないのだ。

私はゼノさんの所に寄せられた窮状を訴える手紙類の中に、黄ばんだ一通の礼状を発見した。それは、一種の領収証のようなものだったが、よく読んでみると、今日ではほとんど考えられぬような、生活苦の声がみちみちたものだったのだ。

その「御礼状」はつぎのようになっている。

小麦粉二袋 但し無料

右の通り正に受け取りました。

昭和三十五年六月十日

小麦粉一袋 但し無料

右の通り正に受け取りました。

昭和三十五年六月五日

理由

(氏名印)上は家族七人で結核性の者が四名おり、一名は入院中であり、扶助のほか別に収入がない。

(氏名印)上は家族五人で収入が少なく、二人病気である。

(氏名印)上は女世帯七名で子供が多く、収入が少ない。

(氏名印)上は女世帯五名で収入が少ない。

(氏名印)上は女世帯二人で二人は結核性の病気である。

(氏名印)上は家族六人で子供が多く、収入が少ない。

(氏名印)上は家族二人で、二人共精神薄弱者である。

右は生活保護者

(氏名印)上は家族五人で病人がおり生活が苦しい。

(氏名印)上は扶助者がなく乞食をして生活している。

(氏名印)上は女ばかりの世帯四人で一人は病気で入院している。

(氏名印)上は家族二人共精神病者でバタ屋をしているが病気である。

(氏名印)上は家族五人で男親が精神薄弱者であり、収入が少ない。

（氏名印）上は八入家族で子供が多く、一人は病気である。
右は準保護世帯で有ります。
以上の人々と分配致しました。
（代表者名）
ゼノ修士殿

この礼状が発送されたのは、ちょうど「新日米安保条約」を数十万のデモ隊が阻止しようとして連日国会周辺へ押しかけ世情騒然としたいわゆる「六〇年安保闘争」の時期である。

政治の谷間に置き忘れられた人々が、地獄のような生活苦にあえいでいたのだ。長崎「蟻の街」のマリアこと吉田京子さんが、この街を去ったのは一九六一年（昭和三十六年）六月のことだった。世はあげて経済大国への道をつき進む高度経済成長政策が打ち出された時代である。吉田さんは、東京の人と結婚することになり、長崎を去ることになった。

五月三十一日、カトリック城山教会での結婚式には、城山の「蟻の街」の子供たちが、中村さんに連れられて、手に手に花をかざして参列した。中村老人は、恩人である彼女の結婚式に、彼女がくれた父親の古い背広をきちんと着こんで参列し、そのまま、東京へたってしまう彼女を見送るために、子供らと長崎駅のホームに立っていた。

ニコヨンといわれた日雇い労働に出ていた「蟻の街」のお母さんたちは、東京へ向かう汽車の見える浦上の土手に出て、ちぎれんばかりに手を振って、東京へ向かう彼女を見送った。日ごろは、あまりの貧しさゆえに、引っ込みがちだったお母さんたちの思いがけない見送りに、彼女は胸を熱くして長崎を去って行った。

この長崎の城山「蟻の街」がその姿を消すのは一九七〇年（昭和四十五年）のことである。

世の中から見離されたようにポツンとひとかたまりになっていたこの貧民部落は、火事で消失した。強風にあおられ、あっという間に燃えてしまった。焼け出されたその場の人々のために、市はようやく四階建鉄筋アパートをそこに建設し、いわゆる長崎の「蟻の街」の歴史は竹ノ久保の「蟻の街」とともに、これを最後に消えるのである。

第5章　その後のゼノさん

各地に飛ぶ救済活動の記録

ゼノさんにおける「蟻の街」運動以後の活躍の総体を追っていくと、その救済活動はメチャクチャなほど多岐にわたり、なんの脈絡もなくただ場あたり的に救済活動をしているにすぎないかのように見える。だが、しかし、目前の〝悲惨さ〟を見逃がすことのできないゼノさんは、社会の構造的矛盾から発生し多様化する〝悲惨さ〟をわけへだてすることはできなかった。

以下に示していこうとするゼノさんの救済活動の軌跡はきわめて多岐にわたっていることに驚くばかりである。このことは、ゼノさんが一切の〝悲惨さ〟を区別しなかったこと、戦後社会が生み出した構造的な社会矛盾について、ゼノさん自身はあくまでもその悪との対極に自らをおいているのだということを示しているだけなのである。

構造不況による炭鉱児童に対する救援。あいつぐ大火による罹災者の救援。地震や冷害地に対する救援物資の発送と慰問。そして立ち遅れていた養護施設の設立運動。これらはすべて、国家がおこなうべき必要不可欠な救済活動だったが、ゼノさんは、国家に先がけてまっ先に、救援物資を罹災者のもとへ送りとどける活動をしている。しかも、ゼノさんは行政が手を廻せないでいるところに確実に登場している。

事実としてゼノさんの足跡だけを新聞記事から更に追って行きたいと思う。以下一九五五年（昭和三十年）から約十年にわたって、その活動歴を示していきたい。

《北松のお友だちは、炭鉱の不況でどん底の生活をつづけていますが、長崎市『聖母の騎士園』のゼノさんは、昨年の暮から、東京で「一握りの米運動」をつづけ、各学校から温かい同情を集めていました。そして

怪力の持ち主のゼノさんは、
各地に救援物資をせっせと送りとどけた

このほど、たくさんのお友だちから、お米や缶詰や、お金などが届きました。ゼノさんは、さっそく、北松のお友だちに届けるため、八日午後二時十二分発の列車で北松に急ぎ、志佐、今福、調川のお友だちに送りました》（一九五五年〈昭和三十年〉一月十日付『長崎民友』）

このころ、北九州一帯の炭鉱地帯は構造不況の波に襲われて、長期欠席児童があいつぎ、救援の強い声が叫ばれていた。

ゼノさんは一人一人が一握りの米を持ちよれば、飢えに苦しむ北九州一帯の炭鉱地の子供たちを救えると、東京や横浜、大阪などの中学校、高等学校を廻って、寄付を呼びかけていた。集めた慰問品を持って、ゼノさんは、この年一月と二月と八月の三回、北九州一帯を廻った。

「一握りの米運動」を進めながら、ゼノさ

学校に行けない子供たちとゼノさん（筑豊炭鉱で）

んは、炭鉱の悲惨な人々を救うために、もう一つの構想を持っていた。それは、荒れすさんだ炭鉱地帯の中に女子修道院をつくり、シスターたちが炭鉱に溶けこんで、その救済にあたるというものだった。同じポーランドから来たコルベ神父の弟子でもあり、ゼノさんの上長にあたるミロハナ神父が、長崎の小長井で女子修道者を養成し、多くのシスターたちを養護施設などに送り込んで成功していたので、ゼノさんは炭鉱の中にシスターたちを送り込んではと考えたのである。

「とてもできませんでした。ゼノさんの気持ちはよくわかりましたが、大変あぶない状態でしたから、シスターたちだけで、荒くれ者のいる炭鉱に住まわせることは自信ありませんでした。無理なことだったんですよ」とミロハナ神父。ゼノさんならではのこの構想は、結局実現できなかった。

さて、ゼノさんの足どりを次々に追って行きたい。この同じ年の十二月、ゼノさんは、奄美大島に二度の訪問をしている。

一度目は、一年前の一九五五年五月で、そのときは、島の子供たち四千人が運動会のパンツにもこと欠いている実状に驚き、東京にもどるとさっそく各学校を廻って慰問品を集め、二ヵ月後に大阪商船「白竜丸」で三十九梱包の慰問品を島に送り届けた。そして二度目は、島の中心地、名瀬市が大火にみまわれ、本土との格差をひろげて貧しかった島の生活が大火でいっそう荒んだものとなったのをゼノさんがみかねて、再び救援活動に乗り出したのだ。

《去る三日、奄美大島名瀬市の大部分が焼けた年の瀬を控えて、市民は途方にくれているという報道が、人々の心を打ったが、この報にいち早く、「救助の手を差し伸べましょう」と、ゼノ神父は各地をとび廻っており、当区でも目下このための援助物資を集めている。「蟻の会」でもこの話を聞き、さっそく、困っているときはお互に助け合おうと、会長の小沢求氏が中心になって、援助金一万円をゼノ神父にたくした》（一九五五年〈昭和三十年〉十二月十一日付『台東区民新聞』）

一九五六年（昭和三十一年）一月。夫に捨てられ家も失い仕事もなく困りはてていた、ハルピン生まれのロシア夫人ペルジャカヤ・リュウドミラさん（三十歳）を助けようと、ロシア語が通じるゼノさんは走り廻った。ついで七月、三十年来という大被害を出した東北の福島、宮城、山形の水害地救援活動にとりかかった。

《三十年ぶりという大被害を受けた会津盆地へ、白いあごひげのサンタクロースそっくりの外人神父が、東京都内の小、中学生が持ち寄った見舞品をどっさり持って、きょう慰問する》一九五六年〈昭和三十一年〉七月二十日付『河北新報』)

九月には、大阪の吹田市榎阪のバタヤ部落を、〝緑の町〟として組織し、そこに自立更生の街づくり運動を起こす。

同じ九月にゼノさんは、富山県の魚津市の大火の見舞いに急行している。

《魚津市大火被災者へ、各地から同情が寄せられ、十七日現在で見舞金だけで二千万円を突破しているが、十七日午後二時半過ぎ、フランシスコ会員、貧困者救援事業主事、ブラザー・ゼノ神父が、魚津市役所を訪れ、寺田市長に現金三万円とタオル六百本を贈った。

神父は、聖母マリアの愛の気持ちを被災者に伝え、『復興に立ち上がっていただきたい』と語り、さらに東京から、フトン二十四枚を急送することも約束して帰った》(一九五六年〈昭和三十一年〉九月十九日付『朝日新聞』)

十月には、福岡の「蟻の街」長浜部落で運動会を開催、十二月十九日には、小倉市の八坂神社前の空地に、バタヤさんのためのバラック住宅を建てる。

翌一九五七年（昭和三十二年）一月二十八日から四日間、ゼノさんは北海道に渡り、札幌や釧路、根室地区を廻った。これは、約四百億という被害を出した北海道の冷害地を視察するためだった。麦めしが食えるのはまだいい方で、雑穀、ジャガイモで飢えをしのぎ、脚気、栄養失調が続出するという惨状、娘が身売りする、高校に通っていた息子を退学させるなどの悲話があいついでいた。

ゼノさんは、各地の悲惨な状況を見て廻るとすぐに東京へもどり、その救援活動に乗り出した。東京および関西の各小・中学校、女学校などを精力的に廻って救援物質を北海道へ送ろうと訴えた。

ゼノさんは学校に行き、朝礼のときに全校生徒を前にしてたどたどしい日本語で訴えた。

「ミナサント、オナジ、ショウガクセイ、カサ、ナガグツアリマセン、アメノ日コレ学校ヤスミマス、コレホッカイドウノオトモダチカワイソウデス」と。

関西の各学校も廻った。兵庫県西宮仁川《にしのみやにがわ》にあったゼノさんと同じ修道会の『仁川修道院』は、関西で集められる慰問品の集積所となった。東京では王子の神学校が集積場所となり、ゼノさん陣頭指揮のもと、神学生らが手助けし、次々と北海道へ慰問品が送られて行った。

一九五八年(昭和三十三年)一月二十三日、東京、「蟻の街」のマリアこと北原怜子さんが、その短い生涯を閉じたが、ゼノさんは旅先から東京にもどって、その葬儀に出席した二日後、早くも西宮、武庫川の橋の下の子供たちに、毛布やお菓子を持って訪問している。六月二十六日には、横浜で浮浪者の髪を切ってやる。十月一日、東京江東区塩崎町の窮民地区に、米軍兵舎の廃物を利用して建てた「日曜学校」をプレゼント。十月二十八日、小倉の緑ヶ丘の窮民地区へ、約束のプレゼントを持って子供たちと再会。十一月八日、伊豆水害で孤児になった二人の子供に、毛布などのプレゼントを持って慰問。十二月二日、長崎竹ノ久保の「蟻の街」、十二月十六日、小倉の浅野埋立地、福岡の長浜地区などを順次廻って、子供たちにお菓子などをプレゼント。十二月二十四日、江東区塩崎町の窮民地区に「日曜学校」、次いで「青空教会」をつくる。

一九五九年（昭和三十四年）一月六日、前年八月に次いで、仙台の養護施設を慰問。一月十一日、東京足立区の引き揚げ住宅の子供たちに、ピンポンセット、野球道具などをプレゼント。一月二十五日、墨田区緑町、総武線ガード下のバタヤ部落に、米軍婦人クラブ会長ルース・エントリッジ夫人たちと慰問。五月二十

伊勢湾台風被害に駆けつけたゼノさん

日、神戸長田区のスラム街にある「あすなろ会」にプレゼント持参。六月二十一日、大阪吹田市のスラム街の子供たちにプレゼント。十月十三日、伊勢湾台風の被害地、鈴鹿避難所を慰問。幼児らにアメ玉などを配る。十一月三日、埼玉県川越女子高の文化祭に出席。人類愛について、たどたどしい日本語でスピーチ。十二月三日、長崎竹ノ久保「蟻の街」でひと足早いクリスマスプレゼント。十二月六日、筑豊粕屋炭坑地帯を巡回。子供たちにセーラー服やアメ玉を配る。八日、青ヶ島の中学生の東京への修学

旅行につき、その不足分費用、宿など手配をする。十二月十六日、新潟市二葉町の窮民地区を訪問。

一九六一年（昭和三十六年）、この年ゼノさんは、新しい社会事業のために奔走中だった。社会事業大学を出て大阪の吹田市で貧しい〝朝鮮人部落〟の託児所を経営していた坂下茂己青年と意気投合して、精薄児たちのための養護施設「ゼノ少年牧場」を設立しようと東奔西走中だった。

広島県沼隈町に、約一万五十平方メートルの土地を見つけ、人と資材を送り込む一大事業に着手していた。

だが、ゼノさんは、この大事業一つに関わっていたわけではない。二月二十四日には、新潟の長岡地震被災地を見舞うため、長岡市役所を訪れ、横浜の白百合

広島県沼隈町に完成した「ゼノ少年牧場」へ

学園などから集めた救援物資（衣類など百点）を持参していた。

三月三日には、長崎の城山「蟻の街」で、中村建一郎さんが主催していた「ロザリオ会」のために、パン、キャラメルのプレゼントをし、同じ三月三十一日には、千葉県十日市に飛び、保育所づくりを地元婦人たちと県に陳情していた。

翌月四月三十日には、東長崎に開設した『聖母の騎士幼稚園』開設を祝って、園児たちにプレゼントし、東長崎地区の生活保護世帯を廻って、毛布や学用品を配って歩いていた。

西宮、武庫川の橋の下に住んでいた瓦中学校の三年生M子さんとともに、西宮土木出張所に強制立ちのきにつきその窮状を訴えに行ったのは、五月三十一日のことだった。例によってゼノさんは、関西地区の新聞社、ラジオ、テレビ局に連絡を取り、可哀相な橋の下にすむ人々への同情を訴え、六月四日には武庫川の川原で子供たち五十人を集めて、明日をもしれぬ不安を吹き払おうと運動会を開催。このために大阪、神戸などを廻って浄財を集めて歩いていた。

七月十一日、広島沼隈へ「ゼノ少年牧場」建設運動に行く。十月三日、新潟、佐渡島などの貧困家庭を廻る。十月十二日、東京芝の〝札の辻〟窮民地区の子供たちに、ひと足早いクリスマスプレゼント。

一九六二年（昭和三十七年）五月十四日、広島「ゼノ少年牧場」が法人となり、ゼノさん、祝賀会に駆けつける。六月十六日、長崎市東長崎中学で、生活困窮家庭の子供たちにドーナツのプレゼント。九月二十七日、五島福江市の大火にともない長崎市にて救援活動を開始。

十二月十一日、小倉の浅野埋立地「蟻の街」の子供たちにクリスマスプレゼント。十二月十三日、大阪、吹田市、「緑の町」の子供たちにクリスマスプレゼント。十二月二十三日、新潟十日町の困窮家庭を慰問していた。

「ワタシ、ココロ、ボロナリマシタ」

こうして休むいとまもなく、全国を駆け巡っていたゼノさんだったが、翌年一九六三年（昭和三十八年）二月、ついに病いに倒れてしまった。貧血と心臓病悪化のため、入院することになったのだ。病院は、ゼノさんの所属する教会の関係で、姫路にあった「聖マリア病院」に決った。

　このとき、ゼノさんはすでに六十五歳の年齢に達していたが、若いときとまったく変わらない生活態度だったので、連日のムリがたたったのである。上長からの入院命令が出て入院先の姫路へと向かった。

　二月七日午前九時半、急行第一宮島号で出発するゼノさんのことを知った五、六十人の人が、東京駅のホームに集まってきた。上野公園の「葵部落」の人々(このころは竹ノ台会館と呼び名が変わっていた)や、隅田川の「蟻の街」の松居桃楼さんや子供たち、写真家や学生の顔もあった。「今度は、もう二度と東京に帰れないかもしれない……」という噂を伝え聞いて、ゼノさんを見送りにきた人々だった。

　土色の顔をしたゼノさんは、ホームへの階段を上りきるのに、途中で四回も休まなければならないほど心臓が弱っていた。

「ワタシ、ココロ(心臓)ボロナリマシタ」と、苦しい息を吐いて見送り人に微笑みかえしていた。

　ゼノさんには、心臓病の他に、以前から脱腸という持病があり、いつも皮でできた脱腸帯をキューキュー体にしめつけて、全国を歩き廻っていたという。

いよいよ入院だという前夜も、修道院の仲間たちが止めるのも聞かずに、北海道の開拓者に送る衣類や夜具、食糧など荷物を二十個あまりもつくって、徹夜で縄をかけたのだという。「ワタシ、死ンデカラユックリ休ミマス」といって、一睡もしなかったという。

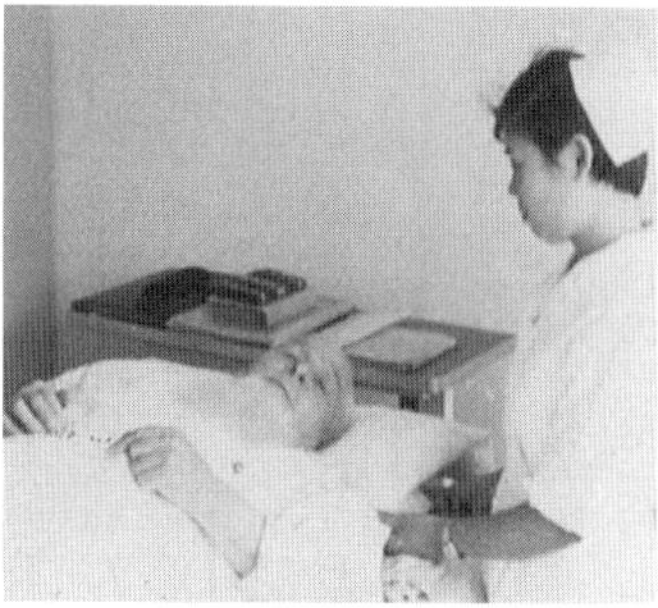
心臓病と過労のため
姫路の「聖マリア病院」に入院

ゼノさんは、一九六三年（昭和三十八年）二月から約三ヵ月、姫路の「聖マリア病院」で入院生活を送った。

決して無理をしてはいけないと病院長にたしなめられるゼノさんだったが、退院の許可がおりると脱兎のごとく病院を後にし、街へと出かけて行った。

ゼノさんとしては、とてもゆっくり療養している気持ちにはなれなかったのである。全国にいる不幸な人々が、ゼノさんの救助を待っているからである。

その一つ、戦後最大の被害を出した北海道冷害地から、ゼノさんのもとに救助を求める手紙が届いていた。

「ゼノ様、お健やかでいらっしゃいますか。私は、今度ゼノ様にお便りする時は、私の立派になった心をお知らせするつもりだったのですが、いままたゼノ様に救いを求めなければならなくなりました。

私はあれ以来、当村の組に一人夫として働いていたのですが、本月五日現場にて柱に胸部をはねられ、現在通院の身なのです。公傷なので基本給の六割出されるのですが、それも治療を打ち切って、三、四ヵ月しないと支給されないのです。私は一日の日給三百七十円で、月に二十四、五日、働いていました。その内事業の失敗での借財を毎月三千円位ずつ支払ってきたのです。五人の家族は、副食など食べたことはなかった上、いま、本月始めより、また収入の道は途だえ、一月頃から苦しんでいる、生活と冷たい借財の請求に、このやせた身体がとても耐えられなくなってしまったのです。私の室は電気がなく、とぼしいローソクの灯にこの便りを綴っているのですが、我ながら情なく涙を耐えています。

ゼノ様、この世にたった一人、すべてを打ち明け、すがれるゼノ様、どうぞこの私を信じて下さいまして『二万円』貸していただけないでしょうか？ 必ず返済致します。来年の四月より毎月お返ししてゆきます。今からは、北海道は仕事もなく、来年の四月でなければ、仕事が思う様にないのです。正月を目前にひかえ、子供に一枚の晴着も買ってやれない情ない父親ですが、お約束は実行します。恥しい話ですが、今日で私は四日も米を食してなく、子供には、借りられぬのを借りて、食べさせているのです。私の働いている組も働けぬ者（公傷や私病）には冷たく、なんらの生活保償もしてくれません。

私はこの様に本当にありのままを記し、なんとか一度だけ、一度だけ助けていただきたく、恥を忍び心にむち打ちお願いしました。ゼノ様、私は死にたいのです。何時も負けそうになるのです。ただ無心な子供の寝顔が、私の生命をつづけさせているのです。ただ一心にゼノ様にお願いします。何卒、この書簡着き次第、即日『二万円』多額なお金ですが、何卒この命を助けて下さいます様心からお願い致します。お便りのくる迄、私は頑張っています。

甚だ乱筆になりましたが、手がだるく思う様に書けず御判読下さいます様。

ゼノ様お願いです。お願いします。

何卒即日御返信下さいます様願い上げます。私のゼノ様よりご送金如何で、決しなければならないことがあるのです。……」

こんな悲痛な叫びを聞いて、ゼノさんはじっとしていられようもない。

「ゼノ死ヌヒマナイ、天国行ッテカラ、ユックリ休ミマス」

病をおして働くゼノさんに、救いを求める人々の声は後をたたなかった。

前の一九五五年（昭和三十年）に起きた北海道の冷害にも愛の手を差し伸べてきたゼノさんだったが、そのときよりもさらにひどい冷害のために、北海道の開拓村では将来の生活に不安を持った農民の一家心中事件があい次いで起こっていた。

日本中が民族の祭典「東京オリンピック」（一九六四年）にわき返っている最中に、ゼノさんは病身にムチ打って、冷害のために一家離散に追い込まれる家族を救おうと奔走していたのだ。

手紙の主は、北海道瀬棚郡北檜山町の開拓村からのものだった。

手紙の主Aさんは、開拓村で親子五人、なんとか生活していたが、過労で母親が死んでから男手一つで三人の子供を育てなければならなくなった。Aさんは体を張って一生懸命頑張っていた。ところが、ある日、八歳になる長男が学校で盗みをはたらいたという噂を耳にした。

日ごろから厳しい道徳を仕込んでいたAさんは、烈火のごとく怒り、まだ雪の残る戸外でその長男を折檻した。折檻は度をこしたものだった。わが子を凍え死にさせてしまったのである。息子殺しの罪で、一家の柱は懲役の刑を受け、残された二人の幼い姉妹は、引き取られる先もなく、冷害に悩む開拓村で身を寄せ合ってふるえていた。刑が確定し刑務所に入る直前に、その父親Aさんは、なんとか二人の子供を食べさせる方法はないのかと、ゼノさんに救いを求めたのである。

Aさんからの頼みは、結局、借金支払いの金と二人の幼い姉妹を引き取ってくれないかというものだった。しかしゼノさんは途方にくれた。男ばかりの修道院に少女二人を引き取るわけにいかなかったし、金も手もとにはなかった。ゼノさん自身のために使えるお金は、日にわずか二百円。何十万、何百万という寄付金を集める力があっても、ゼノさん自身の使えるお金は、ほとんどなかったのである。

教会から与えられるものは、修道服と食事と若干の交通費だけだった。

ゼノさんは思案投げ首の末、北海道函館の「トラピスト修道院」のシスターに、二人の幼い姉妹を預けることにした。刑務所に入ったきりになるAさんに代わって、ゼノさんが親代わりとなり、ときどき姉妹の面会に行くことにした。現在、この姉妹は、ゼノさんの導きでシスターとしてある病院で元気に働いているという。

この時期、さらにゼノさんが救済した一家の話がある。新潟県十日町に、十年来、何くれと援助の手を差し伸べてきた少女の一家があった。

一九五二年（昭和二十七年）ごろまで、京都に住んでいたTさん一家は、その年火事で家を失い、着のみ着のまま東京へ出てきたが、頼る人も仕事もないまま日がたち、ついに空腹にたえかねて、行き倒れ同然になっていた。そんなところを、通りかかったゼノさんに助けられた。一家は縁《つて》を頼って新潟に住むようになったが、あいかわらず貧しく、ゼノさんは、バラック小屋を一軒借りてやり、日雇稼ぎをしながらも一家でやって行けるように励ました。しかし、まもなく父親と長女が病気で倒れ、母親一人が日雇に出て一家六人を支えるという状態だった。元気を取りもどした長女の千寿さんが、定時制高校へ進学できたころ、今度は母親が倒れ、生活は高校生の千寿さん一人の肩にかかった。

学校どころではないと勉強をあきらめようとする千寿さんを、ゼノさんは、ときどき東京からやってきて叱咤激励し、彼女のために学費を手渡した。ついでだからと、雨もりで腐ってしまった板間を修理したりして帰った。ゼノさんは、毎年クリスマス用に寄付を受けたものの中から、衣類などをTさん一家に送りつづけ、ややもするとくじけそうな千寿さんを励ましつづけた。

このように退院後も、西に東に飛び廻るゼノさんだったが、一九六五年(昭和四十年)八月、ゼノさんは再び心臓悪化で倒れた。姫路の「聖マリア病院」へ再入院である。

九月一日。入院中のゼノさんのもとへ、太平洋に浮がぶ青ヶ島出身の少女が、菊の花と白ユリを持って見舞いに訪れた。五年前、青ヶ島の中学三年生が、修学旅行で東京にはるばるやって来ることを知ったゼノさんが、宿の心配や都内見物の案内をしたことがあり、見舞い客の少女は、そのときの修学旅行に参加した生徒の一人だったのだ。彼女は卒業後、ゼノさんが音頭を取って開設していた精薄児の養護施設、神戸の「椎の木学園」に保母さんとして勤務し、ゼノさんに修学旅行の恩返しをしようとしたものだった。美しい話である。

ゼノさんは、ベッドに伏したまま目を細めながら、「オジイサン、モウカラダボロボロナリマシタ、若イヒトタチ、アトタノミマス」といって少女の見舞いを喜んでいた。

翌年、一九六六年（昭和四十一年）四月三日。東京の四ツ谷上智会館で、「ゼノさん来日三十五周年記念パーティー」が開かれた。いつまでも元気で活躍してほしいと、ゼノさんを知るゆかりの人々が開いたパーティーだった。

この年の三月に、「蟻の街」の運動推進者だった松居桃楼さんの手によって、『ゼノ死ぬひまない』（春秋社刊）というゼノさんの活躍をたたえる本ができあがり、その出版記念をかねて、この日のゼノさんを励ますパーティーとなった。五百人もの人々が集まって盛会だった。そして、この会場では、「蟻の街」創立十五周年を記念する事業として、隣の韓国に朝鮮戦争で罹災した人々のために、ソウル郊外の大邸に韓国の「蟻の街」（ケミマル）を建設することが提案され、ゼノさんを大いに力づけた。

だが、すでに時代は確実に変化し、国をあげて経済復興をなし遂げてきた戦後史は大きな変貌をとげていた。

とくに、東京オリンピックを迎えた一九六四年（昭和三十九年）から六年後の一九七〇年（昭和四十五年）の大阪での「万国博覧会」開催の時期は、日本最大の二大都市が大発展し、いたる所が改造され、河を埋め立てて走る高速道路が二重三重にビルをぬい、農村から働き手としてドッと都市に人々が流れ、都市はふくれ上がった。

国際都市にふさわしい街をつくるのだと、バラック住宅は取り壊されて行った。もう貧乏人なんかいないんだ――右肩上がりの成長をつづけ、物であふれかえる世の中を皆が競って自慢するようになっていった。

ゼノさんが、日本政府発行の勲四等瑞宝章を受けたのは、一九六九年（昭和四十四年）のことである。

この勲四等を受けたとき、ゼノさんはもう七十一歳になっていた。すでに大きな荷物を肩にヒョイとかついで窮民地区を訪ねるということはできなくなっていた。だがしかし、ゼノさんの心は、依然として貧しき人々を思って、心の休まる

日本政府からもらった勲章を「コレ天国イラナイネ」と

日はなかった。勲章を受けたとき、ゼノさんは、「アリガト」と短く答えて受け取った後、その勲章を、あの例のオンボロ黒鞄の中にポンと投げ入れて、「コレ天国イラナイネ」といったのである。

ボロボロに使いふるされた鞄の中でパンくずにまみれて、勲章はゼノさんにとって何も意味をなさなかったからである。

ゼノさんは、敢然といいはなった。

「日本ノエライカタ、ワタシ、クンショウアゲマシタ、ケドワタシ、ゴーマンナル、イケマセン。神サマ、コレヨロコバナイヨ、クンショウ天国ヤクタチマスカ、コレイラナイデス！」と。

お役目ごくろうと、古くなったボロを整理棚にしまおうとするかのような世間に対して、ゼノさんの精いっぱいの異議申し立てだった。口先だけの繁栄のうすら寒さをゼノさんは指摘したのだ。深く響きわたる現代文明への警句として、このゼノさんの言葉は重いはずであった。

私は関西地区でのゼノさんの活躍を知るうえで、ゼノさんが「名づけ親である」という新聞記事をたよりに、その窮民地区の一つ〝緑の町〟がいまどうなっているのかと捜しに行ったことがある。

その記事の内容はこうであった。かつて、ゼノさんが、吹田市の高川堤防の一隅に生活困窮者の自立更生を願って、〝緑の町〟をつくった。この〝緑の町〟の人々が、ゼノさんが姫路の病院に入院したことを知り、「生きておられるうちに私たちの感謝の気持ちを表わしたい」と、〝緑の町〟の初代町会長元木芳太郎さんを中心に、この〝緑の町〟の中に「ゼノ神父記念碑」を建てることを決めた。十万円の工費をつぎ込み、御影石でできた立派な石碑ができた。その立派な石碑は、軒下にとどくほどの高さで〝緑の町〟の真ん中に建っていた。写真入りでその新聞は伝えていた。

住人たちが五十年百年先までゼノさんの高徳を伝えようとして建てたというその石碑を、私はぜひこの目で見たいと出かけて行ったのである。

雨が激しく降る日だった。私は、〝緑の町〟を捜してずいぶん歩いた。なかなか見つからないのだ。すぐ近くにすむ人々に聞いても、その石碑のある〝緑の町〟は、わからない。旅先で雨具のない私は、雨に濡れながら、かつて、〝緑の町〟と呼ばれた一画を捜しつづけたが、どうしても、「ゼノ神父記念碑」と刻まれた石碑は、〝緑の町〟と呼ばれた地域に行っても見つからない。ようやく、「たしかに、石碑はあの家の前にあったはずやで」という住民の証言を得て、ある一軒の家を訪ねた。

「ああ、その〝緑の町〟とかゆうのでっか、あれは万国博のときにな、目ざわりやからゆうて取り壊しになったんですわ、もうそのころを知ってる人なんか、ここに住んでいまへんわ」という。

〝緑の町〟は取り壊され、普通の住宅地になっていたのだ。私は、軒先までの大きな石碑「ゼノ神父記念碑」はどこに移ったのかと重ねて聞いた。

「ああ、あれですか。あれはそのとき一緒にハンマーで壊してしまったんですわ。誰かって……新しく住んだ者が邪魔だといって、壊したんです」……私は唖然とした。せめて、市の公園の一隅にでも移しておいてはどうなんだろう、なにもハンマーでコナゴナに壊さなくたっていいだろうに……。

私はいまは跡形《あとかた》もない〝緑の町〟を去りながら、常に入れ変って生まれる貧しい人々に手を差し伸べてきたゼノさんの尊い無償の行為が、誰かの悪意かのように次々に消されて行くような嫌な思いにかられた。街からスラム街が消えて行くとともに、ゼノさんの愛の記録もまた粉々に打ち砕かれて消えて行ったのである。

ゼノさんは、断じて自分を称えられることを好まない人間だ。顕彰されたいなどと爪の先ほども思ったことはない人物である。だが、そのゼノさんの真意を世間はあまりに軽んじてしまっていると思わずにはいられない。私たちは、繁栄の対極に存在するゼノさんの尊さというものを忘れてはいけないのに……。

消えた足跡

ゼノ記念碑が万国博に来る見物客に目ざわりだからとハンマーで打ち壊されているころ、ゼノさんは、なおも一人、あの黒鞄をかかえ持ち、今日も街を歩きつづけていた。

「あれは二月の霙《みぞれ》の降る寒い朝でした。私の所は小さい文房具店でしたので、子供たちが登校する前に、店を開いておりました。カタカタとガラス戸を開けて掃除をしていますと、傘もささずに、乞食みたいな格好をした外人が立っているんです。靴はドロンコで靴下をはいていない素足には、ビチャビチャ霙があたっているんです。あんまり可哀相なので、店の中に入れてやりました。ちょうど、朝ご飯の仕たくをしていたので、熱い味噌汁を差し上げました。フーフーいいながら、おいしそうに飲んでいました。

私の所は、鞄も売っていましたから、あんまり粗末な鞄を持っているので、困っているだろうと思って、鞄を一つあげたんです。そしたら、とっても喜んで、やがて駅の方へ向かって行きました」

すでにマスコミは、彼の一挙手一投足を取り上げることをしなくなっていた。〝勲四等瑞宝章〟を受けた後、一九七〇年代に入るや、それこそゼノさんの活躍話は一行たりとも見出すことはできない。

私は、これまでもう一つの戦後史ともいえる愛の人ゼノさんの足跡を新聞記事を頼りにたどってきたが、ここに来て新聞記事はピタリと絶えていた。しかし、ゼノさんの足跡を知る手がかりがもう一つあった。ゼノさんが残していたたくさんの〝名刺〟がその手がかりとなったのです。

ゼノさんは、寄付をもらう相手、ちょっと出会ったすべての人から〝名刺〟をもらう習慣があった。その〝名刺〟に、出会った日付とその職業を絵にして書いていたのである。駅長なら汽車の絵、金物屋ならクギの絵を描いて、相手を覚えておくのである。こうした名刺が、ゼノさんの手元に残っていた。私は、そのすべての名刺を日付順に整理し、名刺の氏名と住所をメモしながら、ゼノさんの足跡を推理するという方法をとったのである。

残っていた名刺は、一九六五年ごろから現在までのもので、それ以前のものはなかった。私は、この名刺を手がかりに、ゼノさんがその後、どこで何をしたかをさぐった。三千枚ほどあった名刺から選び出して、ゼノさんについて知っているることとならなんでも教えてほしいとお願いの手紙を全国に数百ほど出してみたのだ。先にとりあげた文房具店の奥さんの話は、こうしてもらった返事の一つだったのである。

老いてマスコミがとり上げなくなってもなおも働くゼノさんの姿が、くっきりと見えてくる。

時代はすでに一九七〇年代に入っていた。だれもかれもが自分の家は中流家庭だと思い、夢の福祉政策が総選挙を闘うときのスローガンとなるという経済大国にのし上がった七〇年代の日本。

ゼノさんはなおも、貧しき人々を救おうと働き廻っていたのである。

ゼノさんがもっとも頼りとし、よき理解者であった「蟻の街」の組織者松居桃楼さんは、このころ、移転した夢の島の第二の「蟻の街」の活動からも手を引き、箱根仙石原の住居に引きこもっていた。

ゼノさんは、この箱根の松居さんを二、三度訪ねていた。もう一度、貧しい人々のために大きな事業をやりましょう。一緒にもう一度、やりましょうと、知謀家でもあった松居さんの指導力を求めにゼノさんは彼を訪ねて来たのである。

しかし松居さんは、再びゼノさんと手を組もうとはしなかった。

「マツイサン、ムカシトカワリマシタ、ムカシアンナデハナイデス、カワリマシタ」

山を下りて再び活動しようとしない松居さんに、ゼノさんは不満であった。

しかし松居さんは、その人生の大半を社会福祉革命の成就に賭けてきた人だった。その松居さんにとってみれば、すでに時代はのっぴきならないところへ来ており、現代文明そのものの危機を超え得る思想の構築と実践こそ急務だとする考えに至っていたのだ。


ゼノさんが突然ポーランドへ帰るというニュースがいっせいに流れたのは、一九七一年（昭和四十六年）六月二十五日のことであった。

午前十時、羽田発モスクワ経由ロンドン行きの日航機で、ゼノさん（この時は73歳）は同行するセルギュウス修道士にともなわれて祖国ポーランドへ向かったのである。実に、四十年ぶりの故国への旅だった。

テレビニュースの画面を見ながら誰もが思っていた。もうあの歳だ、再び日本にはもどってこれないだろうと。ただ一人の肉親である妹のエレナさんが待つというポーランドへゼノさんは帰って行った。

全国民の九〇パーセントがカトリック教徒だというポーランドでは、ゼノ・ゼブロフスキー修道士の名はよく知られていた。ゼノさんがポーランドに帰った時期に、ポーランドに留学していた塚田充《みつる》さんは、ゼノさんと一緒にポーランドのテレビに出演した。その番組は、日本の紹介とゼノさんの活躍を伝えるものだったという。

「テレビ局の帰りに、車の中で、私はゼノさんのすぐ隣に座ったんです。それで『四十年ぶりで、ポーランド語を忘れていませんか』と聞くと、『ワカリマス』といいながらも、ポーランド語を話しているうちに、いつの間にか日本語にもどってしまいました。ゼノさんは、もう日本語を話す方がずっと楽なんだなと感じました。

ゼノさんは話し疲れたのか、ときどきハーハーと大きな息をして苦しそうにしていました。かなり心臓が弱っておられる感じでしたので、『お疲れになりませ

故郷のポーランドへ40年ぶりに帰国。
唯一の妹のエレナさん（後列左端）、親戚の人たちと

んか』と声をかけますと、大きな声になって、『ワタシハ天国ニ行ッテ、休ミマス』といって、決して弱音を吐こうとはなさいませんでした」

この年の十月十七日、イタリアのバチカンの聖ペトロ大聖堂で、マキシミリアン・コルベ神父を「福者」に列する「列福式」がおこなわれた。ゼノさんが心から慕い、その教えを守ってきたがそのコルベ神父の働きが、栄誉ある「福者」となる儀式が、法王パウロ六世出席のもとにバチカンでおこなわれたのだ。

コルベ神父は、一九三〇年（昭和五年）四月二十四日ゼノ修道士と『聖母の騎士誌』を編集発行し、日本布教を拡充させた後、六年後の一九三六年（昭和十一年）祖国ポーランドに請《こ》われて帰国した。世界は戦争に傾く危険な時代に向っていた。

そして、ついにドイツヒットラーは、ポーランドに侵入し、第二次世界大戦（一九三九年）に突入した。

愚《おろ》かしい戦争下、心ある人々は平和を願って抵抗の民となった。ナチスドイツに捕えられ、アウシュビッツ収容所に入れられたコルベ神父は、友の身代わりで自分の命を捨てる道を選び殉教者となった。一九四一年（昭和十六年）八月十四日のことだった。そして四年後、一九四五年（昭和二十年）世界大戦は三月十日の東京大空襲、八月六日の広島への初の原爆投下そして長崎への二度目の原爆投下でやっと終戦となった。

長崎原爆投下で生き残ったゼノさんたちがコルベ神父の死の時の真相を知ったのは、戦争が終って、ポーランドから手紙が届くようになってからのことであった。

アウシュビッツ強制収容所で友の身代わりで死刑囚となり殉教されたのです。そのコルベ神父の右腕として大いに活躍したゼノさんは、ポーランドからローマへと飛び、師であるコルベ神父の栄光の儀式に参列しローマ法王と会見した。この「列福式」には、長崎の本河内修道院時代のコルベ神父に教えられた信徒や、教会関係者、カトリック信者代表たちが、日本からも参加していた。

ローマバチカンでの「列福式」参列の後、ゼノさんは再びポーランドにもどった。過ぎ去りし故郷の日々を想い、なつかしい山川を巡り歩いた。コルベ神父とともに、丸木を重ねて建てたニエポカラノフの修道院にも立ちよった。

ゼノさんは、そのまま故国ポーランドで余生を送るものと日本の誰もがそう思っていたのだが、「列福式」の一ヵ月後、ゼノさんの姿は、またしても東京の街頭に出現したのである。

ゼノさんの頭の中は、今年もまたやってくる日本でのクリスマスに、あの街、この街の可哀相な子供たちのために、アメ玉や学用品を用意しなければならないとそんな思いでいっぱいだったのだ。ゼノさんの耳には、ゼノさんの名を呼んで助けを求める、さまざまな人々の声が入りまじって聞えてくるのだ。ゼノさんを呼ぶ声が、どんなに小さくとも、どんなに少なくなっても、呼ぶ声が一つでもある限り、日本を捨てることができない——それがゼノさんだった。

ポーランドから再び日本にもどってきた当時のゼノさんを知る墨田区の機械修

理工場の吉沢陸三郎さんは、「ここんとこ四年ほど前から、姿をお見せにならなくなったので、どうしておいでなのかと心配していました」といいながら、すっかり世間から姿を消しつつあったころのゼノさんを回想した。

「ゼノさんは十何年ほど前から、年に四、五回お見えになりました。最初は、工業用洗濯機械をつくっていた私どもの店にフラリと入ってこられて、私たちの顔を見て、『オトウサン』『オカアサン』と声をかけたのです。

どこかで見たことのある人だなあと思ってると、何やらふくらんだ黒い鞄を出して、『ゼノデス』といわれました。ああそうだ、この人がゼノさんか、まあお上がりくださいと勧めたんです。ゼノさんは鞄から新聞の切り抜きをお出しになって見せてくれました。

日本語はあまりうまくありませんでしたが、『オ宅ハナニショバイシマスカ』ってお聞きになるので、『洗濯機を扱っています』というと、東村山の『聖フランシスコ修道院』の洗濯機の具合が悪いから、見てくれというのです。そこで、次の日曜日にゼノさんが住んでおられた修道院へ出かけて、見てきました。これは直りそうだということになり、うちに運んで修理してあげました。もちろん、日本の身障者や孤児のためにつくして下さった人だから、代金はもらいませんでした。

それが最初のきっかけでした。ゼノさんは、いつも黒い鞄の中にパンを持っていらっしゃいまして、紙につつんだだけのバターも何もついていないパンでした。それがゼノさんのお弁当だったんです。私がミルクを飲みますかというと、鉄管ビール（水のこと）でいいとおっしゃって、それじゃ味気ないと思い、牛乳を温めて差し上げ、昼時のおかずだった肉のいためたものなどを差し上げました。昼時にいらっしゃるときは、いつもこんな調子で、ゼノさんはいつでもパンだけでした。

それがすむと椅子に寄りかかって、居眠りを始めました。疲れておいでなんだなと思ったので、長椅子に横になってお眠りになったらといいますと、それほどじゃないから、ここで結構とおっしゃってちょっとまどろんだくらいで、『ゼノ忙シイ』といって、また出て行かれました。うちに立ち寄って眠るのが体にいいのかなあと思って、二、三十分くらいはいつもそっとしておいてあげました。

前を通ると、かならず『オトウサン元気デスカ、オカアサン元気デスカ』といって見えます。自分がもう年老いたことや、ポーランドにいる妹さんのことをお話しになりました。

一度ポーランドへお帰りになったことがありましたが、もう日本にもどらないと思っていましたところ、またお見えになり、妹さんのことやポーランドの絵はがきなんかを見せてもらいました。

私の家は、ゼノさんにとって、止り木のようなものだったと思います。

ゼノさんは次第に『私ノカラダボロナリマシタ』、『天国スグ行ッテ休ミマス』とかいわれるようになったので、皆がゼノさんを待っているんだから、病気しないで長生きしてくださいねとお慰めしたものです。

ゼノさんのお話は、いつでも、ゼノさんがこれまでして来られた仕事の話でした。広島の『ゼノ少年牧場』のことや北海道のアイヌ部落の人々の話でした。時折りは神様の話もなさいましたが、お祈りをしなさいというようなことはちっともいいませんでした」

疾風のように突然やって来て、救援物資をドカンと人々の前に積み上げて、また風のように姿を消していったころの、ゼノさんの面影はすでになくなっていた。

東村山の修道院から、練馬の関町修道院へ移り、孫のように若い神学生たちと寝食をともにする日々を送っていたゼノさんは、週に一度だけ許される外出日を待ちかねたように、街に出、ハーハーと苦しげに息をはずませては、なおも、布教活動を展開しようとしていた。

日本の貧しき人々に献げつくしたゼノさんは、すでに奔走する力のなくなった体にムチ打つように、巨大な都市の谷間を歩き廻っていた。

「私は三鷹に住んでおりまして、週末たまたま車で帰る途中、所沢街道を通り過ぎました。かなり車の多い道でした。黒い服をまとい鞄を持った人が、ときどき手をあげては、乗せてくださいというポーズをしておられました。たぶん、外国人なので、言葉がわからないと思ったのか、多くの車は次々とこの老人を無視して通りすぎて行きました。

私は急にお役に立とうと思って停車しました。『何かご用でしょうか』と英語でたずねました。するとすぐに日本語で近くの駅に運んで欲しいと申されました。私は車を降りて近くの人に駅を伺いました。『近くの駅でよろしいですか』

とその老人の方に伺いますと、結構ですとのご返事なので、私の横にお乗せしました。

私はどこかで見たことのある人だなと考えながら車を走らせ、横におられた神父の服装、鞄などを、チラチラと横目で拝見しました。鞄はたびたび修繕し、ヒモでくくってあったように思います。黒い衣服も粗末で地味で、質素だなあと思いました。……その方がゼノ神父といわれる方だと車の中でわかった次第ですが、ニコニコとした柔和な顔は、いまも忘れることができません……」

群馬大学医学部教授、三橋進氏の回想である。

濁りのないあの美しい瞳をゆっくりと四方にくばり、純白のあごひげを風になびかせながら、なおもヨロヨロと街を行くゼノさん。おそらく、ゼノさんが東京から長崎へ向かった最後の機会であったと思われるが、長崎の街中を行くゼノさんの姿を目撃した人がいる。久留米から車で長崎市に出張していた製菓業者の吉村正平氏は、長崎市新大工町付近でゼノさんに声をかけられた。夕立ちが上ったばかりのときで、信号待ちをしていると、車のドアを叩く人がいた。見ると西洋人の老修道者だった。乗せて欲しいというその老修道者を、日見峠中腹の右側にあった教会の所まで送った。

車から降りると、その老修道者は、いいものをあげるからちょっと待っていてくれと教会の中に消え、やがて二冊ばかりのパンフレットを差し出して、読むようにとすすめるのだった。

そのときの物腰、熱心な様子が吉村さんの心を捉えた。わずかな出会いだったが、強烈な印象を与えたその老修道者が気にかかり、帰宅後、奥さんにその一部始終を話して聞かせると、それはきっとゼノ神父様だろうというのだった。

「ワタシ、ボロデス、心臓コワレテ、一度心臓トキドキトマル、ガタガタヤル、ウゴキマス、マタアルキマス、スルコトタクサン、タクサンアリマス。ゼノ、死ヌヒマナイデス」

もはや何ほどの活動もできなくなったゼノさんだったが、なおも街に出て歩きつづけようとしたゼノさん。街には物があふれかえって、何もかも変わってしまっているのに、ゼノさんは、昔のままの姿で歩きつづけた。

一九七二年（昭和四十七年）四月四日の午後、ゼノさんは、日暮里駅から電車に乗り込んで来た。古い着古した質素な法衣をまとったゼノさんは、かなり疲れている様子だった。

ゼノさんは、空いた席を見つけると静かに腰をおろし、間もなく隣に坐っていた女性に何ごとか話しかけた。するとどうだろう、その人は黙って突然立ち上がると、席を変えてしまった。ゼノさんは、今度は別の隣に座っている人に声をかけた。だが、その人もまた同様に席を離れてしまった。ゼノさんの両側は不自然に空席ができてしまった。それでも別に気にする様子もなく、ゼノさんはニコニコと微笑を絶やさないのだった。

ゼノさんの消息は、以後プッツリと消える。

エピローグ

私が、初めてゼノさんに会うことができたのは、一九七八年（昭和五十三年）春四月のことだった。そして、ゼノさんが「ボーヤ」と呼んでいた戦争の落とし子〝戦災孤児〟のその後を追い、捜し出し、ゼノさんとの三十年ぶりの対面を実現したのが、さらに三ヵ月後の七月のことだった。

その時のゼノさんは、練馬区関町の修道院の老修道士として、訊ねて来る人のため様に、面会日などは決められてはいたのですが、車イスに乗っての散策や、時にはドライブも誘ってもらえる平穏な祈りの日々を過ごしていましたから、衰えたとはいえ元気な祈りの暮らしぶりでした。しかし、その約二ヵ月後の九月五日、ゼノさんは、清瀬市にある「ベトレヘムの園病院」に突然入院しました。一時は「聖母病院」に緊急入院した後、同じカトリック系の経営になる「ベトレヘムの園病院」に入院することになったのです。病院長の岡田昊昌博士の診断によると、脳動脈硬化及び心不全でした。私は、戦災孤児との対面の企画が入院する引き金になったのではないかと心配しましたが、むしろ、大人になったボーヤたちに会えたことで、顔色がよくなった程だと聞いてホッとしました。だが、この突然の入院の知らせを聞いた私のこころはせわしなかった。早く元気なうちに本を書き上げねばとの思いがよぎったからです。事実を追って、知られざるゼノ修道士の事跡をたどるも、きわめて断片的なエピソードだけがわずかに見えかくれするだけで、杳《よう》として人間ゼノ・ゼブロフスキーの実態が捉えられないのである。

道しるべは、わずかに松居桃楼著『ゼノ死ぬひまない』(春秋社)一冊のみだったのです。この小冊は、北原怜子さんとともに「蟻の街」の組織者として活動した松居桃楼さんが、「蟻の街」を離れた後に同志となる田所静枝さんとがゼノさんから聞き出して書き上げた労作であった。松居さんはまだ元気なころのゼノさんと共同して「蟻の会」全国支部拡充にいそしんでいるころ、ゼノさんから聞いたその生いたちなどのことを覚えており、それを書き加えてまとめたこの本はまさに、貴重なる第一級の書物であった。

しかし、ゼノさんの実像はその一冊におさまりきらず、とくに敗戦直後からの五年間、ゼノさんが「蟻の会」共同体生活実践のモデルに出会うまでの足跡が不明であり、全国各地にあった窮民地区とゼノさんの関わり方が見えず、そうなると私には、新たに事実を掘り起こすしか方法はなかったのだ。

そして、実際に取材を始めてみると、その掘り起こし作業は遅々として進まないのである。それは、ゼノさんのやって来たことがあまりにも膨大で脈絡というものが見えて来なかったからである。

ゼノさんは超がつく程の破格の人物なのである。たいがいの人間の業績なら、どんな複雑な経緯があるにせよ、その人の動機をさぐり、それが社会的な行為に至るプロセスを追っていけば、その全体像は捉えることができるものだ。だが、ゼノさんには、この方法が通じないのである。動機と結果との間にものすごい距離があり、つかみどころがないというのが「ゼノ神父の世界」であった。

奇跡的なまでの数々の業績が、時と場所を選ばずにあちこちにあり、しかもその事実を後づけようとすると、現存していなければならないその事跡が散逸して跡形もないのである。

もし、ゼノさんの業績というものが、厚生施設を建設したとか、大事な法律の一つもつくったとか、何かを発見したり、形のあるものを完成したりということであれば、空白の部分があっても何とか埋めようがあるのだが、ゼノさんの足跡は、拠点が定まらず、風のように現われては去って行き、今日は東に明日は西へと日本列島神出鬼没であり、活動の中身も種々雑多である。とうてい常人のおよぶところではないこの並はずれた活動範囲と規模を捉える方法がなかった。

あまりにも捉えどころのない多岐に渡る故の〝ゼノさん像〟の大きさに呆れはてたのだが、実は、それこそがゼノさんの特性であるとすれば、問題の根は、もっと別のところにあると私は気づいたのだ。このことこそが非常に重要なことなのだが、気づかねばならない点は、いかに日本の戦後史というものが激しく変化し、驚異的な繁栄を短期間になしえたか、その復興の速度がいかに常軌を逸したものだったかという点である。

たかだか三十年、あの貧しく誰も彼もが敗戦国民の悲劇の日々を送り、飢えと寒さに震えていた時代のあったことを、もののみごとに忘れている金持ち大国日本の現状が、驚異的に常軌を逸したことなのである。この繁栄の戦後史こそが、ゼノさんの尊い事跡の数々を消し去っていたのだ。国家がやるべきことに匹敵するばかりの救済活動をして来たゼノさんの行為が、物欲みだれ飛ぶ金持ち大国の荒々しい生存競争に足げにされ、すさまじい繁栄の速度が〝あんたの用は終わった〟とばかりにその業績を忘却していったのである。すっかり物欲にひたり金持ち大国になった世相に、あの貧しかったころのゼノさんの活躍の記録をたどるという作業は、だからこそ、きわめて困難なことになっていたのだ。決して忘れてはならない彼の活躍が、あたかも人々の意志でもあるように、忘れ去られている。私の調査が遅々としてはかどらぬわけは、繁栄ゆえの忘却が壁となっていたからなのだということである。

清瀬の病院に人知れず横臥する無一物の人ゼノさんの存在は、戦後史の痛烈なパラドックスであった。一九八〇年（昭和五十五年）、ゼノさんが三度目の冬を病院のベッドで越そうとする秋十一月、私はいたたまれない気持から「愛の人・ゼノを語る会」というささやかな会をつくった。本を書こうと思って集めた資料を頼りに、取材で知りえたゼノさんゆかりの人々を中心に選り出してなんとかゼノさんの深い愛の行為を語りついでいかなければという思いで会をつくったのである。ゼノさんのことが心にかかっていたという人々にゼノさんの近況を伝え、私に協力していただいた人とともに収集し得た資料を整理して、広く世にゼノさんの存在をアピールしていこうという気持ちになったのだ。

そして、一九八一年（昭和五十六年）二月、ローマ法王ヨハネ・パウロ二世初来日にともない、ゼノさんの活躍を示した「ゼノ修道士来日50周年写真展」を銀座三越で開催した。ローマ法王来日にわきかえるこの間に、どうしても、ゼノさんの存在を知ってもらいたかったのである。私が収集した七百点の写真資料から、主に戦災孤児らを救って歩くゼノさんを記録した写真を中心に約八十点を展示し、ゼノさんの唯一の私物であるオンボロの鞄と帽子、そして靴を展示した。これより先、大ヴァチカン展の宝物展は大変な人気を呼んで行列ができるほどだったが、ゼノさんに限っての写真展の会場を捜して走り廻った。案の定、地味だという声とともに会場はなかなか捜し出せなかったが

肖像画を描いた山本良比古さん（左）と

使い古した帽子と鞄と靴が残った

それでも、ぎりぎりになってやっと一つだけ決まった。幸いにも、オープニングには八十名もの関係者が集まり、地味な写真展としては異例の、新聞、テレビ各社の取材を受け好評を得た。そして引きつづき、広島や長崎でも写真展を『愛の人ゼノを語る会』の主催で開催した。

ゼノさんは、教皇との世紀の対面を無事に終えて、「ベトレヘムの園病院」で、白衣の天使たちが看病してくれる明るい病院で車椅子生活をつづけていた。

私は、本業の週刊誌の記者生活をしながら、コツコツ本づくりをつづけながら、ゼノさんにもっと光を当てつづけたいと、病院のゼノさんのもとへ顔を出しました。入院しているゼノさんのもとに毎日夕刻にやって来てゼノさんの手を握りしめ、ともにアヴェ・マリアを祈る人物がいました。雨の日も風の日もやって来るポーランド人修道士ローマンさんだった。彼はゼノさんより二年ほど後に日本に渡ってきて、ずっと日本に滞在して布教活動をするゼノさんの兄弟《フラテル》であった。私は、このローマン修道士に、ポーランド人をして抵抗の民族性を見る想いになっていた、ゼノさんも含めて彼らの血の連帯のようなものを感じるところがあった。それは、あれほどのマリア聖母傾倒が、日本人の私には解りにくい点でもあったのだが、ゼノさんにしろ、アウシュビッツで身代わり殉教したコルベ神父にしろ、ローマン修道士にしろ、ミロハナ神父にしろ、こんな遠い日本に来てまでも、決して失われないない聖母マリア信心の強さに驚かされたのである。『パパ、パパ』とゼノさんがローマ法王ヨハネ・パウロ二世に語る姿には背後に聖母マリアを見ているからのことであり、そのすごさに驚かされるのである。この時の法王ヨハネ・パウロ二世こそ、ゼノさんの上長コルベ神父をともに敬うポーランド人あることが、血の連帯をして抵抗の民族としてその歴史と重なるのである。うまくは言えないが、ゼノさんに会う客を連れて行く場面があり、そのときに私が感じた想いを、このエピローグの項の最後に書かせてもらいます。それは、ローマン修道士に立ち会ってもらって、私が案内することになったポーランド人の話をしておきたいのです。

それは、ヴァチカンでは、世界で有名なカトリック修道女マザーテレサの存在以上に、ローマ法王の信が厚いといわれる、人物ワンダ・ポルタウスカ女史が、日本を訪問したときのことです。彼女を日本に招請した聖職者たちが、ぜひ日本のゼノさんに会わせたいから、ゼノさんのいる病院まで案内して欲しいという依頼が、私のところにきたのです。

ワンダ・ポルタウスカさんと

私が、ゼノさんの本を述筆中であると知った方の依頼でしたので、私は、すぐローマンさんに手配してもらい、ゼノさんのそばにいてくれるようにお願いしました。

彼女は、子供の頃ナチス・ドイツに囚われアウシュビッツ収容所に入れられ、足に生体実験を受けたという恐怖の体験をもつ女史でした。二人の師であるコルベ神父とアウシュビッツ収容所の受難者です。この時の、同行者は、本間たか子さん、ユリアン神父、ジママン神父たちでした。よく晴れたこの日のゼノさんは、はるばる母国からの来客で、とてもうれしそうだった。ローマン、ユリアン、ワンダさん、ジママンさんそしてゼノさんが、ともに母国ポーランド語で聖母マリアへの祈りを捧げるその部屋には、アヴェ・マリアとともに聖なる空気が漂いました。

厳粛なそのシーンを見たとき、私はこの異国の地でやがて永眠するゼノさんが一瞬、もう一度国帰りをしたように思えました。

愚《おろ》かしい戦争の犠牲者である戦災孤児や飢えに苦しむ幾万の人々を救いつづけ、働くだけ働いてきた無一物の人ゼノさんにとって、その唱和こそが音の無い美しい大合唱に包まれきったものだったのです。

窮民の父、ゼノさんが亡くなったのは、一九八二年（昭和五十七年）四月二十四日土曜日午後四時四十五分のことでした。入院先の東京都清瀬市梅園の「ベトレヘムの園病院」で持病の心臓病に肺炎を併発したゼノさんは天国へ召されたのです。

その日は、くしくも五十二年前ゼノさんが、コルベ神父とともに長崎に上陸した同じ四月二十四日であり、しかも母なる聖母マリアの祝福の土曜日のことでした。

ゼノさんの遺体はその日のうちに、唯一の遺品となったボロ鞄と帽子、そして穴のあいた靴が待つ練馬の関町修道院へともどりました。

集会室に安置された遺体の白い布の上にはピンクのバラがポツンと置かれ、胸には六年前ポーランドの生まれ故郷の女子学生から贈られた十字架が置かれました。「ロザリオの祈り」――「通夜の祈り」などの聖歌が唱われるなか、遺体につき添うようにひざまずき頬にいく筋もつたう涙をふきもせず祈りを捧げる老修道士ローマン修道士の姿がありました。毎日毎日ゼノさんの病室でゼノさんと一緒にアヴェ・マリアに祈りを捧げてきたポーランド人です。天国へ行ったゼノさんを祈る彼の胸は、おしよせてくる万感の思いで一杯です。

翌日、ゼノさんにとって、思い出深い赤羽教会に遺体は移され、午後七時から通夜がいとなまれました。ゼノさんの帰天を聞きつけてかけつけた聖職者やゆかりの人々が、ゼノさんに別れを告げようと続々と集まって来ました。いつも真赤にしていた頬は白い透明な肌に変わりピクリともしせず子供たちが小さな指をからませて引っぱりぬいた顎ひげはその役目を終えていっそう白くなっていました。「ゼノさん……」思わず、いいようもない哀しみが私を嵐のように襲って来ました。もうひと月もすれば、このささやかな一冊を進呈することができたのに……。

ゼノさんが亡くなる前日、私は病院長岡田昊昌先生とゼノさんのことについて話していました。「今度はダメだと思います……」先生の言葉が胸にささって妙に息苦しい時間をついやしていた私でした。ゼノ修道士の半生をまとめようと取材を始めたものの、あまりにも超人的なその窮民救済の全貌をつかみかね、仰天し逡巡していた私の微力がなさけなかったのです。あまりにも進められないので、これではいかんと写真展を開催したり、ゼノ通信を出したり、少年少女向けのパンフレットをつくったりしてみたものの、ゼノさんの偉大な業績を人々に伝えることはすぐにはできなかったのです。

葬儀は、四月二十六日午後一時、赤羽教会大聖堂で、ローマ法王庁大使マビオ・ピオーガスパク大司教のもと五百人の弔問客が参列しておこなわれました。長崎や神戸などからゼノさんの兄弟《フラテル》がかけつけ、ゼノさんの長崎時代の上長だったミロハナ神父が別れの言葉をのべました。

柩の前列には、「ベトレヘムの園病院」の婦長さんをはじめ、献身的な看護をつづけた皆さんたちが並び、ゼノさんが、窮民救済活動をするにあたりもっとも信頼すべき同志とあがめていた松居桃楼さん（72歳）の姿もありました。『ゼノ死ぬひまない』という本を書くためにゼノさんとともに全国を歩いた田所静枝さんの姿もあり、現代のマリアこと「蟻の街のマリア」として夭折した北原怜子《さとこ》さんの母君と姉和子さん妹肇子さんの姿もありました。宗教は嫌だけど、ゼノさんだけは別よ、そんなささや

ゼノ修道士の葬儀は、ゆかりの深い東京赤羽教会にて
1982年（昭和57年）4月26日、しめやかにおこなわれた。

きが柩を送る列の背後でしていました。破格の人道の人ゼノさん。誰からも愛されたゼノさん。よく晴れたおだやかな四月の空のもと、府中市天神町にあるカトリック墓地に、ゼノさんの遺体は埋葬された。

さようならゼノさん。天国へ行ッテ、ユックリ休ンデクダサイ。


一九八二年（昭和五十七年）四月二十六日、ゼノさん葬送の日に

石飛　仁

尚、この年の秋福者コルベ神父は「聖人」と称されました。

最後になりましたが、本書をまとめるにあたり、多くの方に貴重な証言及び資料をいただきました。お寄せいただいた大切な資料を後につづく皆さんに伝えてまいりますので、ご了承くださいますようお願いいたします。

聖母の騎士文庫本によせて

―蘇れゼノ修道士―

私が世間では過去の伝説となっていた「ゼノ神父」が生存していることを新聞記事で知ったのは1978年（昭和53年）1月のことだったわけですが、当時週刊誌『女性自身』（光文社）の人物ドキュメンタリー大型読み物ページ『シリーズ人間』の専属記者6年目で36歳だった私には、敗戦直後から窮民救済の父と言われていた歴史上の人物「ゼノ神父」をおぼろげながら記憶の隅にあるだけの世代でした。ですから、貧しい時代の記憶とともに『ゼノ神父』の活躍した時代のことは、遠くの彼方に消えていましたから「ええ!? まだ生きていたの」と、その生存の事実に驚いたのです。私が記者をしていた1970年代後半の時代性というのは、戦後史の中でも何度目かの高度経済成長期（週刊誌も全盛期）にあり、日本は世界にとどろく経済大国として、過剰生産のやりすぎからおきる公害問題に悩む贅沢にして皮肉な復興戦後の時代になっていました。およそ、「貧乏人」とか「浮浪者」とか「戦災孤児」とか、それらの言葉は、死語として強引なまでに退けていた時代でした。

ですから、「ゼノ神父」の名が、国が大敗北して、途方に暮れる戦争難民だらけになった1945年時代に、国家に代わって、窮民救済事業に奔走してきた偉大なる人物の名であったにもかかわらず、きれいさっぱり世の中から忘れ去られていたのです。

当時の私も、繁栄に酔う日本国民の一人だった（戦後35年目）わけですが、「ゼノ神父の生存のニュース」には、何かコツンと、小突かれたような気がして、反射的にその事実に飛びついて、取材を開始したのが当時の私の気分でした。

最初の結晶は、1978年9月14日発売号光文社『女性自身』（当時は週80万部販売）タイトルは『ゼノ神父「蟻の街のマリア」が待つ天国への勲章は？』で、七ページの読み物記事を掲載することでした。（記事 373頁）私は、飽食の現代に、何とかあの飢えに苦しんでいた時代のあったことを現代に結びつけようと、「ゼノ神父」に救われた体験を持ち、その後大人になった戦災孤児を見つけ出し、生きていた「ゼノ神父」と再会対面企画を目論《もくろ》んだのです。もちろん当時は貧乏臭い話だなと思われてハードルの高い企画だったのですが、何度も長崎に飛び、ゼノさんたちが戦後初めて開始した戦災孤児救援施設『聖母の騎士園』の第一号のケースを赤茶けた写真から拾い出し、大人になった戦災孤児を捜し出して、説得し、長崎からゼノさんが所属する東京練馬区関町の修道院まで来てもらって、劇的な30年目の戦災孤児との再会記事を掲載したのです。反響がありました。私の職場である「女性自身」の読者層は若い女性層でしたが、その反響は母親の世

この写真の子供たちと30年ぶりに感涙の対面
ゼノ神父
『蟻の街のマリア』が待つ天国への勲章は?
シリーズ人間
遠い国から無縁とも思える日本にやってきて、"無償の行為"に生きたゼノ神父。勲四等という勲章には全く興味を示さなかった老人はかつての戦災孤児たちが贈った花束をしっかと抱きしめて放そうとしなかった。このユリの花束にこめられた感謝こそゼノ神父の成し終えた大きな業が、この世で受ける最高の栄誉なのだ。
(58)
(59) 女性自身

『ゼノ神父「蟻の街のマリア」が待つ天国への勲章は?』(女性自身)

代まで届いていたのです。

女性誌の中でも社会性の強いテーマをターゲットにして来た私にとって、忘れてはいるが、あの苦しい日々の一条の光となった「ゼノ神父の記憶」を蘇らせることは、ジャーナリストとしての必須の課題となっていったのです。私は、一度記事にすればそれでおしまいとなる一介の記者にすぎないのですが、二年後1980年11月に文京区本郷壱岐坂の私の事務所に『愛の人ゼノを語る会』を作り、その超人的な足取りを追いながら『ゼノ通信』や小冊『ゼノさんの物語』(荒井庸年・山田晃協力)をつくり、先ず当時の写真を引き伸ばしてパネルにし写真展等を企画しました。協力者は、当時の人気タレントを追っていた報道カメラマンの福田文昭さんでした。

翌年1981年2月ローマ教皇ヨハネ・パウロ二世の日本来日が決まり、「大バチカン展」が大都市を巡回して大変な話題となっていました。消えていた「ゼノ神父」の業績を掘り出して伝える絶好の機会が巡ってきていたのです。

東京銀座の三越デパート店に、特設会場を作ってもらって、『ゼノ修道士来日50周年写真展』(2月21日~3月1日)を開催しました。この企画を実現する前に、私は、第二の天才画家山下清として話題になっていた精神障害者虹の絵師山本良比古さん（27歳）を取材していました（1975年8／5号「女性自身」）。彼の育ての親「ひかり学園」（精神障害者施設）の園長、川崎昂さんに「ゼノさんの肖像画」の製作をお願いしたのです。

先輩格に当たる放浪の画家、切り絵細密画の天才画家山下清の才能を発見し育てたのは式場隆三郎（精神科医）さんでしたが、難聴で言語障害があり、IQ40の三重苦の山本良比古さんを幼児のころからその才覚を引き出すようにして育て挙げてきたのは川崎昂さんでした。その二人の苦闘を声援して、画集『不思議の画家山本良比古』川崎昂著（アデン書房）、をプロデュースして刊行し、その出版記念会には、池袋サンシャインシティーのイベント広場を使って作品展示会をやり、絵心のある俳優さんや売り出し中のアイドル歌手にも特別出演願って、盛大に応援企画《イベント》を実施しました。ですから、意気投合していた川崎先生に私は、「どうだろう、ゼノさんの肖像画を良っちゃんに描いてもらうというのは…」と相談をしたのです。過去に「ゼノ神父」が知的障害者に対しても絶大な支援の手を差し伸べてきた人物である事を、瞬時に理解してくれた川崎先生は、風景画しか描いていない山本良比古（通称良っちゃん）が、ゼノさんの肖像画製作に挑むことを引き受けてくれたのです。

想像力は苦手な良っちゃんの絵の描き方は、川崎先生との二人三脚でしか成り立ちませんから、生きている「ゼノ神父」を真近に見てこそ描ける写実派でした。私は、戦災孤児とゼノさんとの対面記事をやった時のゼノさんの上長だった関町の川下神父に相談して、ゼノさんの肖像画を描いてもらうために山本良比古さんと川崎さんを、川下神父立ち会い

1981年2月20日 ベトレヘムの園病院にて入院中のゼノさんと山本良比古、川崎昴ひかり学園園長は面会して肖像画制作を誓う（川下神父と著者立ち会う）

で、ゼノさんに直接会ってもらったのは、1981年2月20日の事です。川崎さんと良っちゃんは、青い目のゼノさんと対面して、その強烈な印象を受け、翌日、銀座の三越店8階の特設会場での、ゼノ写真展のオープンニングに参加しました。ゼノさんが如何に全国を飛び回って大活躍したのかその全容を理解した二人は、名古屋の犬山にあった自宅製作室と隣接の「ひかり学園」に戻ると、東京日本橋の三越本店でその年の8月に予定されていた、山本良比古個展に間に合うように必死でゼノさんの

1981年2月21日 銀座三越特設会場「ゼノ修道士写真展」にて、
山本良比古さんと川崎昴先生、主催者・著者とスタッフ

肖像画の製作に取り組んでくれたのです。

世間からすっかり消えていた「ゼノ神父」を再び世に出す絶好の機会は、何といっても、ローマ法王（教皇）ヨハネ・パウロ二世来日のフィーバーに乗ることであり、病院に横臥する「過去形となっていたゼノさん」を、来日する世界のローマ法王と直接対面する場面を実現させることでした。

既に後楽園球場に全国の信者を集めてのミサをやることから、天皇との公式面会、広島・長崎での平和スピーチ等、公式行事がびっしりと組まれていました。だが、何としても我らがゼノさんを登場させたい！　気が狂わんばかりの思いの人がいました。財団富士福祉事業団の枝見静樹理事長（57歳）がその人でした。自社（出版社）の倒産から浅草山谷《さんや》地区に逃げるようにして再起を計っている時、浅草でも奉仕活動に余念のないゼノさんの必死な姿に出合い、枝見さんは、これではいかんと立ち直った人だったのです。以来、枝見さんは、ゼノさんを原点にした社会福祉事業団を設立し、まだ日本にはなかった「民間ボランティア運動」を開始した人でもありました。「ボランテイア」という機関誌を月刊で発行し、ゼノさんの「限りない愛の奉仕を」社会連帯の精神にした社会啓発運動を興してきたのです。私が、ゼノさんの生存を知って、先ず飛び込んだ先も、枝見さんの新宿の事務所でした。まさに枝見さんこそ「ゼノ神父」をこの世の社会的奉仕のモデルにすべき人として、奔走していた社会福祉事業者の一人だったのです。もちろんゼノさんの活躍を知るのは、教会内の同僚たちでもありましたから、ゼノさんとローマ教皇との対面を願うのは、枝見さんだけではなく、関町修道院の上長の川下神父や「ベトレヘムの園病院」の岡田昊昌病院長や、ゼノさんの身の周りの世話役の林田看護師、毎日夕刻のお祈りに駆けつけてはゼノさんを勇気づけていたポーランド人ローマン修道士等の願いでもありました。だが、心臓病で横臥している一修道士ゼノを、公式の場で、特別に対面させることは、医学上も大変なリスクのあることですから、その実現は決して容易なことではなかったのです。最も気をもんだのは来日行事を事故なく進める実行委員会の現場聖職スタッフたちです。一修道士の異国での働きをねぎらい、その祝福を与えることが出来るのは、確かにローマ教皇その人を於いてはない場面です。安全第一のスタッフの心理とゼノさんの偉大なる貢献を知る人が渦中にいました。ゼノさんを同僚として知るが故に、その思いを強力にサポートしたのは、ローマ教皇来日企画時の公報担当だった水浦征男神父でした。今、まさに当時の現場を書き残す本書の文庫本刊行に尽力した若き日の水浦征男神父（カトリック広報委員会事務局長 当時）その人だったのです。心を一つにすればゼノ修道士とヨハネ・パウロ二世教皇との祝福の場は実現するよと、ヨハネ・パウロ二世教皇の師は、コルベ神父であること、ゼノ修道士こそそのコルベ師と共に殉教を求めて来日した聖母マリアの騎士であることを熟知した彼こそが、事柄を前に押し出したのです。

「おお！ パパ、パパ！」奉仕活動に全生涯をかけてきた聖母マリアの騎士・ゼノ修道士至福の時は見事に実現しました。車椅子のゼノさんをヨハネ・パウロ二世教皇の前まで手押し車を押し出したのは枝見静樹さんでした。「彼はゼノ教だね」と揶揄されていたその枝見さんにとっても、2月23日の東京カテドラル・カトリックセンターでの対面実現は、ゼノさんに感謝する全ての名も無き人々の感激の瞬間でもあったのです。その日、私は、ゼノさん来日50周年の記念写真展開催者として、銀座三越店8階の特設会場に居ました。この東京での写真展が、3

月1日に無事に終了すると、広島とゆかりの長崎での巡回展示会場を捜しました。ゼノさんの活動拠点であった長崎での展示会は当然のこととしても、広島の福山市のトモテツデパートを会場に7月31日～8月9日まで開催については、少しだけ解説しておきたいと思います。ゼノさんが、大阪で精神障害者施設開設運動をしていた坂下青年と出合ったのは、1961年頃のことでしたが、その話は一年後に広島県の沼隈町（福山市）に施設用地として広大な土地の提供を受けることに発展し、ゼノさんの奔走が実って、精神障害児養護施設設立の「法人化」が実現します。ところが、あまりにも忙しく全国の困った人々の緊急救援に飛び回るゼノさんは、施設名が『ゼノ少年牧場』として認可になった程なのに、沼隈町での活動に集中せず、他人任せになりがちでした。いつしか、顔を出さないのは、ゼノさんは売名行為でやっているのではないかと中傷を受けるようになったのです。しかし、ゼノさんのアクションの全ては、困っている人に先ずは手を差し伸べることであり、遅れすぎている社会（行政）福祉の前進を鼓舞することであって、決して中傷されることではありませんから、ゼノさんの提案は、何処でも一歩一歩必ず進んでいくのです。そして、遂に「ゼノ少年牧場」精神障害者施設

（村田理事長）が、長い努力の末に開設し拡充していったのです。（本文325頁）その経過を取材して知っていた私は、福山市でのゼノ写真展を是非にと実現しておきたかったのです。

無私なる善意の奉仕行為は、誤解を伴うものです。底意が別にあるのではないか、この世で苦しい目に遭う人が多い程、善意だけの人を疑う者も当然出て来ます。生きるための嘘が巧妙に、しみ込んでいくのも現世です。だからこそゼノさんのような聖人の存在は、この世でこそ大切なのです。

8月、お願いししていた虹の絵師山本良比古の油絵「ゼノさんの肖像画」が出来てきました。早速、川崎園長と良っちゃんに「ベトレヘムの園病院」に絵を持参してゼノさんに観てもらいました。

その日は、ゼノさんはとてもご機嫌がよくて、ベットからおきあがって、出来上がったばかりの自画像と対面してくれました。（写真 本文362頁）

ポーランド人ゼノ修道士が、透き通るような青い目を正面に向け描かれ、背後の青空と白い雲には、全国を飛び回っている空飛ぶゼノさんの姿がメルヘンのように虹と共に描かれている良っちゃんならではの大きな油絵30号が出来たのです。川崎昴ひかり学園園長との共同で見事に完成したのです。「おお、おお、」つぶやくゼノさんは、付添いのローマン修道士の説明にうなずき声をあげて喜びをあらわにしていました。清明なゼノさんが、なんの濁りのない画家の手で描き上げられた、唯一の素晴らしい肖像画です。ありがとう。こみ上げるものがありました。これでゼノさんに何時でも会えるのである。

作・山本良比古 / ゼノ・ゼブロフスキー肖像

翌年、1982年（昭和57年）4月24日ゼノさんは天国に召されました。二日後、ゼノさんゆかりの赤羽教会大聖堂で、荘厳なる別れの葬儀が行われました。

『ゼノ神父』が生きていた事を知って、その違業を追跡して、『風の使者ゼノ神父』講談社版を刊行できたのが40日後の1982年の6月のことでした。本を書き上げてからゼノさんの歩みを知った読者から、温かい便りをいただくようになり、その反響に救われる思いをしてきたのは私の方です。

時は過ぎ去り、私は、別のテーマに取り掛かってきましたが、初版本を、ぜひ再版しませんかと、声をかけてくれるありがたい出版社がありました。自然食通信社の横山豊子社長でした。青い目のゼノさんが、再び再版本となって息を吹き返したのは1998年（平成10年）のことでした。

時代は、さらに移り変わり、傲慢に見えた右肩上がりの日本経済は、鈍化し始め、ある意味では、行きすぎ反省混迷期に移っていました。長い成長停滞期は、さらに出版不況を招き、生活スタイルそのものの改善が求められるようになり、ほころびの目立つ生きづらい時代となるのですが、はるか彼方に遠去かってい た、熱い人間中心の時代、つまりゼノさんが生きた愛を真剣に求めた時代にこそ学ぶものがあるのが現代だと思うのは私だけではなかったのです。

2017年（平成29年）の事です。

『風の使者ゼノ』（自然食通信社版）を読んで感動した、東上野のコミュニティクラブを率いる市民活動家北畠啓行《ひろゆき》さんが、「蟻の街」のマリア＝北原怜子《さとこ》さんの事や、戦災孤児救済に奔走したゼノ修道士が上野だけではなく日本全国で活躍した事を地元の人間としてもっと知りたいから三人で会いたいと、郷里（出雲三刀屋）の友人陶山孝一が伝えて来ました。

確かに、上野の地下道や上野公園などにいた戦災孤児救済の活動をしていたゼノさんの事や、隅田公園内にあったバタヤ共同体「蟻の街」の事や、そこで献身的生涯を捧げ若くして亡くなった北原怜子《さとこ》さんの事などは、１９４５年（昭和20年）３月10日の東京大空襲（12万人焼死大虐殺）の歴史があっての後遺症でしたから、敗因の責任を回避したいという心理が残っていて民族の恥部に触れかねないからと、事実そのものを封印して来た事ではありました。

しかし、これぞ真実の歴史として、地元からとり上げていかねばならない話なのだと、三人は固く意見を一致させて、すぐに「アリの街実行委員会」を結成しました。

私が集めて持っていた写真パネルを中心に、各方面からの協力を得て資料展を開催していきました。真実を知りたいという社会の要請があっての事ですが、反響は大きく、過去の人だったゼノさんやマリア怜子、「蟻の街」の人々の実像が蘇ってきたのです。たくさんの貴重な歴史が浮かんできました。ここでは、ポーランドから来たゼノさんについての一つの謎が解けた話を付け加えておきたいと思います。

それは、ゼノさんの戦災孤児救済の情熱の中には、被爆体験や宗教心以外に、ポーランド民族の悲劇（国を奪われた歴史）に直結する話が澱《おり》のように付着している、その理由が解《わか》ったという話です。

それは、ゼノ修道士が、久しぶりに東京から長崎に帰ったきた１９５５年（昭和30年）８月のことでした。

ゼノさんは、聖母の騎士修道院の兄弟修道士である日本人の小崎登明さんから、昭和5年のコルベ神父と一緒の来日時の思い出を、取材されている時の事です。ゼノさんは、日本に来る動機について次にように語っていたのです。

〝第一次世界大戦のとき、ポーランドにたくさんの孤児が出ました。孤児を助けるために一番よく働いたのは、日本の赤十字です。三千人も助けました。そのとき、ポーランド人は初めて日本の国を知りました。ポーランドの司教さまは、日本の国のため祈るようすすめました。コルベ神父さまは、日本人に聖母マリアさまを知らせたいと思いました。……それで日本のことが、ポーランドの騎士たちの心に残ったのです。それで日本へ来ました。〟（『長崎のコルベ神父』小崎登明著 聖母の騎士社）

ゼノさんがここでいっている孤児とは、ツァーのロシア帝国に国を奪われ、シベリアに流刑された抵抗ポーランド人の子弟が戦災孤児となった子供たちの事です。

放置されたこの孤児を救い出したのが、シベリア出兵（1918年〈大正7年〉～1922年）の日本兵であり、彼らが日本赤十字の要請で、戦災孤児救出に動いたのです。

日本赤十字は、900人の救出された子供たちを、日本の養護施設（福田会《ふくでんかい》育児院）で保護した後に、アメリカへ送り、あるいはインド洋を廻って本国へ送り届けたのです。ポーランド民族は、100年以上隣国に支配された歴史から1918年（ロシア革命の翌年）独立したのですが、その時の喜びと共に、日本人による戦災孤児救出の歴史はずっと忘れずにいたのです。

だから、ゼノさんによる日本の戦災孤児救済の行為には、民族の悲願と深く結びついた愛の連帯の証でもあったのです。

繰り返される戦争の悲劇を立ち切る祈りこそが、長崎原爆で地獄を見たゼノさんの世界的な、救済の使命なのです。そのゼノさんの「蟻の街」への登上と、その後光の射す導きに「蟻の街」の死守に殉じたのが北原怜子《さとこ》さんだったのです。

今や嘘みたいな話でしかないであろう「ゼノ神父」や、「蟻の街のマリア」の理想に燃えた時代があったこと、その人間らしさ情熱の物語を現代にこそ蘇らせねばなりません。

敗戦焼け野原の中で誓った『戦争放棄』（憲法九条）という強い思いの中で、日本人は皆生きてきたのだということ、忘れまじ『ゼノ神父』『蟻の街のマリア』……。

ありがとうゼノさん、本書の意義をこの一点に込めたいと思います。

最後になりましたが31年前の『風の使者ゼノ神父』（講談社１９８２年刊）から『風の使者ゼノ』（自然食通信社１９９８年刊）そして今回の三度の上梓にあ

たり、同志の助力はもとより、表題にサブタイトルとして〝ポーランドから来た〟を付けてはとアドバイスをいただいた駐日ポーランド、パヴェウ・ミレフスキ大使や〝ゼノ〟は俗称であり、氏名の訳は〝ゼノン〟となるのだと教えていただいたポーランド語の日本語翻訳者、足達和子さんに感謝します。そして、今回の文庫本上梓にあたり、水浦征男神父様の教えと聖母の騎士社編集長山口雅稔神父様、担当大川乃里子様に大変お世話になりましたこと厚くお礼を申し上げたいと思います。

2023年4月24日、筆を置いた日、私は目黒区三田の駐日ポーランド大使館にいました。大使の招きを得て、この日を世界平和を願う〝ゼノの日〟と定めた会合の席にいたのです。

—ポーランドから来た—『風の使者ゼノ』　著者　石飛《いしとび》　仁《じん》

主要参考文献（年代順）

『起きあがる人々』東京帝大社会科学研究会 学生書房 一九四七年
「戦後の社会問題」森耕二郎著 西日本新聞社 一九四七年
『親なき子』鈴木俊郎著 明和書院 一九四七年
『やくざの世界』ダレル＝ペリカン著 近代思想社 一九四八年
『沙婆の風』尾津喜之助著 喜久商事出版部 一九四八年
『浮浪児の保護と指導』大宮録郎著 一九四八年
「長崎の鐘」永井隆著 日比谷出版 一九四九年
『我等かく育てり―戦災児童の手記―』積惟勝著 新興出版社 一九五一年
『蟻の街の子供たち』北原怜子著 三笠書房 一九五三年
『蟻の街の奇蹟』松居桃楼著 国土社 一九五三年
『永井隆の生涯』片岡弥吉著 中央出版社 一九六一年
『ニッポン日記』マーク・ゲイン著 筑摩書房 一九六三年

『にっぽん秘録』中山正男著 文芸春秋社 一九六三年
『朝鮮人強制連行の記録』朴慶植著 未来社 一九六五年
『〈アリの町の神父〉ゼノ死ぬひまない』松居桃楼著 春秋社 一九六六年
『マリア怜子を偲びて』北原金司著 八重岳書房 一九七一年
『シリーズ戦争の証言＝戦災孤児の記録』田宮虎彦著 太平出版 一九七一年
『アリの町のマリア―北原怜子』松居桃楼著 春秋社 一九七三年
『闇市水滸伝』平岡正明著 第三文明社 一九七三年
『社会福祉発達史』今岡健一郎、星野貞一郎著 ミネルヴァ書房 一九七三年
『証言 昭和二十年八月十五日』安田武編 新人物往来社 一九七三年
『奇蹟』曾野綾子著 毎日新聞社 一九七三年
『マッカーサーの涙！ ブルーノ・ビッテル神父に聞く―』
朝日ソノラマ編集部著 朝日ソノラマ 一九七三年
『マッカーサーの二千日』袖井林二郎著 中央公論社 一九七四年
『キリストの証人たち―抵抗に生きる』河上民雄、中島和子、一色義子、
池田敏雄、山田滋著、日本基督教団出版局 一九七四年

『昭和特高弾圧史三――宗教人にたいする弾圧 上・下』明石博隆、
松浦総三編 太平出版社 一九七五年
『ドキュメント昭和史五 敗戦前後』今井清一者 平凡社 一九七五年
『庶民の体験（上）戦後三十年忘れ残りの記―』古川司著 佼成出版社 一九七五年
『一億人の昭和史④空襲、敗戦、引揚』『一億人の昭和史⑤占領から講和へ』
毎日新聞社 一九七五年
『この子を残して』永井隆著 中央出版社 一九七六年
『アリの町のマリア北原怜子』松居桃楼著 増補版 一九七六年
『ドキュメント昭和世相史 戦後篇』平凡社編集部 平凡社 一九七六年
『戦後秘史―⑥禁じられた政治』大森実著 講談社 一九七六年
『天皇の陰謀』デイビッド・バーガミニ著 いいだもも訳 出帆社 一九七六年
『天皇、その涙と微笑』読売新聞社社会部 現代出版社 一九七六年
『占領下の犯罪事情』山岡明著 日新報道 一九七七年
『開設十五周年を迎えて』村田一男 社会福祉法人「ゼノ」少年牧場 一九七八年
『初期対日占領政策（上）』朝海浩一郎報告書 外務省編 毎日新聞社 一九七八年

『カトリック土着　キリシタンの末裔たち』丸山孝一著 日本放送出版協会　一九八〇年
『長崎のコルベ神父』小崎登明著　聖母の騎士社　一九八三年
『東京大空襲救援隊長の記録』久保田重則著　新人物往来社　一九八五年
『原色の戦後史』大島幸夫著　講談社文庫　一九八六年
再版『風の使者ゼノ』自然食通信社　一九九八年十一月二十五日発行
『シリーズ福祉に生きる22・北原怜子』戸川志津子著　大空社　一九九九年
『天使のゼノさん』桑原一利著　聖母の騎士社　二〇〇二年
『ワシントン・ハイツ』秋尾沙戸子著　新潮社　（新潮文庫）二〇〇九年
『ぼくはナチにさらわれた』
　アロイズィ・トヴァルデツキ著　訳／解説・足達和子　平凡社ライブラリー　二〇一三年
『ポーランド孤児を救った日本赤十字社』
　企画・加来耕三、原作・水谷俊樹、作画・北神諒　ポプラ社　二〇一六年
『蟻の街の微笑み』パウロ・グリン著、大和幸子編　聖母の騎士社　二〇一六年
『キリスト教と日本人』石川明人著　筑摩書房　二〇一九年

《石飛 仁/(いしとびじん)・本名 樋口仁一》(記録作家)

1942 年 8 月生まれ。島根県雲南市三刀屋町出身。1965 年駒沢大学文学部卒。同年劇団「青俳」演出部入団。1968 年「現代人劇場」結成に参加。新劇人反戦青年委員会代表。1971 年ルポライター、翌年より光文社『女性自身』シリーズ人間班専属記者(30 年間)となる。1984 年東京東アジア文化交流会代表、戦時花岡事件に取組む。(演劇社会運動・事実の劇場活動と昭和 20 年の会を開始)。2002 年よりフリー。社団法人国際善隣協会会員。アリの街実行委員会。

〈主な著作〉1973 年『中国人強制連行の記録』太平出版社 /1982 年『風の使者ゼノ神父』講談社 /1983 年『夢の砂漠』佐川出版 /1987 年『悪魔の証明』経林書房 /1988 年『人間の記録 88』編著二期出版 /1996 年『花岡事件―現代書館ビギナーシリーズ 現代書館 /1997 年『中国人強制連行の記録』(改訂版)三一書房新書 /1998 年『魂の教育』(東林出版)/1998 年『風の使者ゼノ』(再版)自然食通信社 /2005 年『蘇れ古代出雲よ』新泉社 /2010 年『花岡事件「鹿島交渉」の軌跡』彩流社 /2010 年『花岡事件「花岡裁判記録」』監修 彩流社
その他記録論証多数。

ポーランドから来た
風の使者ゼノ

石飛 仁

2023年5月31日 第1刷発行

発 行 者●谷 崎 新 一 郎
発 行 所●聖母の騎士社
〒850-0012 長崎市本河内2-2-1
TEL 095-824-2080/FAX 095-823-5340
E-mail: info@seibonokishi-sha.or.jp
http://www.seibonokishi-sha.or.jp/

校 正・組 版●聖母の騎士社
印 刷・製 本●大日本法令印刷株式会社
Printed in Japan
落丁本・乱丁本は小社あてにお送りください。送料は小社負担にてお取り替えします。
ISBN978-4-88216-385-5 C0116

聖母文庫

桑原一利
天使のゼノさん
日本二十六聖人の祈り

終戦直後から高度成長時代まで、日本全国を歩いて愛の奉仕を続けた天衣無縫の修道士がいた。その名はゼノさん。

価格600円(税別)

木村晟
すべては主の御手に委ねて
ヴォーリズと満喜子の信仰と自由

キリスト者達は皆、真理を実践して真の自由を手にしている。近江兄弟社学園の創設者ヴォーリズと妻満喜子も、平和を愛する信仰の勇者なのであった。価格1000円(税別)

森本繁
南蛮キリシタン女医 明石レジーナ

江戸時代初期に南蛮医学に情熱を燃やし、外科治療に献身した女性が存在した。実証歴史作家が描くレジーナ明石亜矢の物語。

価格800円(税別)

伊従信子=編著
わたしは神をみたい いのりの道をゆく
マリー=ユジェーヌ神父とともに

マリー=ユジェーヌ神父は、神が、多くの人々を神との一致にまで導くように、自分を召されたことを自覚していました。

価格600円(税別)

高橋テレサ=編著 鈴木宣明=監修
アビラの聖女テレサと家族

離れがたい結びつきは夫婦・血縁に限ったことではない。縁あって交わることのできた一人一人との絆が大切なのである。それを私は家族と呼びたい。価格500円(税別)

聖母文庫

レジーヌ・ペルヌー＝著　門脇輝夫＝訳
現代に響く声　ビンゲンのヒルデガルト
12世紀の預言者修道女

音楽、医学他多様な才能に恵まれたヒルデガルト。本書は、読者が著者と同じく彼女に惹かれ、親しみを持てるような研究に取り組むものである。　価格８００円（税別）

﨑濵宏美
石蕗の詩（つわぶきのうた）

叙階25周年を迎えた著者は、長崎県五島生まれ。著者が係わりを持った方々への感謝を込め、故郷から現在に至る体験をエッセイや詩で綴る。　価格５００円（税別）

ボグスワフ・ノヴァク
真の愛への道
人間の癒しの源であるキリストの受難と復活

名古屋・南山教会主任を務める神言会のポーランド人司祭が著した愛についての考察。愛をまっとうされたイエスの姿から、人間の愛し方を問う。　価格５００円（税別）

水浦久之
愛の騎士道

長崎で上演されたコルベ神父物語をはじめ、大浦天主堂での奇跡的出会いを描いたシナリオが甦る。在世フランシスコ会の機関誌に寄せたエッセイも収録。　価格６００円（税別）

水浦征男
教皇ヨハネ・パウロ物語
「聖母の騎士」誌22記事再録

教皇ヨハネ・パウロ一世は、あっという間に姿を消されたため、その印象は一般にあまり残っていない。わずかな思い出を、本書の記事で辿っていただければ幸いである。　価格５００円（税別）

聖母文庫

ピオ神父の生涯
ジョン・A・シュグ＝著　甲斐睦興＝訳　木鎌安雄＝監訳

2002年に聖人の位にあげられたカプチン会司祭ピオ神父は、主イエスの傷と同じ五つの聖痕を持っていた。神秘に満ちた生涯を文庫サイズで紹介。

価格800円（税別）

こころのティースプーン（上）
ハビエル・ガラルダ
ガラルダ神父の教話集

東京・雙葉学園の保護者に向けてガラルダ神父がされた講話をまとめました。心の底に沈んでいる「よいもの」をかき回して、生き方に溢れ出しましょう。

価格600円（税別）

こころのティースプーン（下）
ハビエル・ガラルダ
ガラルダ神父の教話集

イエズス会司祭ガラルダ神父が雙葉学園の保護者に向けて語られた講演録第二弾。心の底に沈んでいる「よいもの」をかき回して、喜びに満ちた生活へ。

価格500円（税別）

八十路の春
田端美恵子

八十路を歩む一老女が、人生の峠に立って永久に広がる光の世界を見つめ、多くの人が神の愛に目覚めてくれることを願いつつ、祈りを尽くして綴った随想。

価格500円（税別）

がらしゃの里
駿河勝己

日々の信仰を大切にし、御旨のうちに生きる御恵みを祈り、ガラシャの歩まれた永遠の生命への道を訪ねながら…。

価格500円（税別）

聖母文庫

ムンシ　ロジェ　ヴァンジラ
村上茂の生涯
カトリックへ復帰した外海・黒崎かくれキリシタンの指導者

彼の生涯の一面を具体的に描写することが私の意図であり、私は彼に敬意を払い、また彼の魂の遍歴も私たち自身を照らすことができるように思います。　価格500円(税別)

平田栄一
「南無アッバ」への道
井上洋治神父の言葉に出会う＝

毎日事あるごとに「南無アッバ、南無アッバ」と、神父様のあの最後の実践にならって、唱えることかもしれません。　価格800円(税別)

セルギウス・ペシェク
コルベ神父さまの思い出

コルベ神父様はおっしゃいました。「子供よ……どうぞ私の代わりに日本に残って下さい。そして多くの霊魂を救うためにあなたの生涯を捧げてください」。　価格500円(税別)

クラウス・リーゼンフーバー
知解を求める信仰
現代キリスト教入門

人間の在り方を問い直すことから出発し、信仰において受け入れた真理を理性によって解明し、より深い自己理解を呼び覚まします。　価格500円(税別)

ヨハネス・ラウレス＝著　溝部　脩＝監修　やなぎやけいこ＝現代語訳
高山右近の生涯
日本初期キリスト教史

溝部脩司教様が30余年かけて完成させた右近の列聖申請書。この底本となった「高山右近の生涯―日本初期キリスト教史―」を現代語訳版で発刊。　価格1000円(税別)

聖　母　文　庫

伊従信子＝編・訳
十字架の聖ヨハネの
ひかりの道をゆく
福者マリー＝ユジェーヌ神父に導かれて

マリー＝ユジェーヌ神父が十字架の聖ヨハネを生き、体験し、確認した教えなのです。ですから、十六世紀の十字架の聖ヨハネの教えは現代の人々にも十分適応されます。価格500円(税別)

崎濵宏美
風花の丘
(かざばなのおか)

春が訪れ夏が近づく頃まで、十字架の上でさらされた26人でありましたが、彼らの魂は……白く光る雪よりさらに美しく輝いて天の故郷へ帰っていったのであります。価格500円(税別)

水浦征男
教会だより
カトリック仁川教会報に綴った8年間

ここに収めた「教会だより」は兵庫県西宮市のカトリック仁川教会報「タウ」の巻頭に2009年4月から2017年3月まで掲載されたエッセイです。価格600円(税別)

フランシスコ・ハビエル・サンチョ・フェルミン＝著　西宮カルメル会＝訳
地上の天国
三位一体のエリザベットの秘密

私たちの信仰が本物であり、役に立ち、生きていると感じられるように、エリザベットのメッセージが信仰を活性化する助けとなるように願っています。価格500円(税別)

田端美恵子
母であるわたしがここに居るではありませんか

様々な思い出に彩られて歩んできた現世の旅路は、すべて恵みであり感謝に変わっています。…八十路を超えた著者が綴る、愛に生きることの幸せを噛み締めるエッセイ。価格500円(税別)